U0014451

特殊奧運

——— 籃球 ———

2018 特奧籃球運動規則

（版本：2018 年 6 月）

■ 籃球

關於籃球項目：

籃球是特殊奧運最受歡迎的項目之一。球員涵蓋各年齡層，能力也不盡相同，包括還在學習一邊運球一邊穩定控球的運動員，以及年齡稍長，經驗豐富，擁有相當的球技，也瞭解競賽策略的球員。

特殊奧林匹克籃球項目設立 1968 年。

特殊奧運籃球項目的不同之處：

特殊奧運籃球將國際籃球總會（FIBA）的部分規則予以調整，並視需要於團體競賽中執行。調整內容包括更改比賽時間長短，將國際籃球總會所規定的帶球走步（traveling）的步數放寬兩步，給予罰球的球員十秒的時間投籃，新增前場防守只能維持五秒的規定，以及在上半場或下半場，一方球隊從第七次犯規起算的每一次犯規，另一方球隊都能獲得兩次的罰球機會。

相關數據：

- 2011 年有 328,368 名運動員參加特殊奧運的籃球項目。
- 2011 年有 165 支隊伍參加特殊奧運的籃球項目。
- 史上第一次的籃球運動，是用裝桃子的籃子充當「籃框」。每次進球後，就必須有人爬上籃框，將球拿出來。
- 籃球於 1936 年成為國際奧林匹克委員會（IOC）夏季奧運項目。

競賽項目：

- 五對五籃球賽
- 三對三籃球賽
- 運球速度競賽
- 個人技巧賽
- 團體技巧籃球賽
- 融合運動（Unified Sports）籃球賽

協會／聯盟／贊助者：：

國際籃球總會（FIBA）

特殊奧運分組方式：

每項運動和賽事中的運動員均按年齡、性別和能力分組，讓參與者皆有合理的獲勝機會。在特殊奧運中，沒有世界紀錄，因為每個運動員，無論在最快還是最慢的組別，都受到同等重視和認可。在每個組別中，所有運動員都能獲得獎勵，從金牌、銀牌和銅牌，到第四至第八名的緞帶。依同等能力分組的理念是特殊奧運競賽的基礎，實踐於所有項目之中，包括田徑、水上運動、桌球、足球、滑雪或體操等所有賽事。所有運動員都有公平的機會參加、表現，盡其所能而獲得團隊成員、家人、朋友和觀眾的認可。

1 總則

正式特奧籃球運動規則將規範所有特奧籃球賽事。針對這項國際運動項目，特奧會依據國際籃球總會（FIBA，Fédération Internationale de Basketball）的籃球規則（詳見 http://www.fiba.com）訂定了相關規則。國際籃球總會（FIBA）或全國運動管理機構（NGB）之規則應予以採用，除非該等規則與正式特奧籃球運動規則或特奧通則第 1 條有所牴觸。若有此情形，應以正式特奧籃球運動規則為準。

有關行為準則、訓練標準、醫療與安全規範、分組、獎項、比賽升等條件及融合運動團體賽等資訊，請參閱特奧通則第 1 條：http://media.specialolympics.org/resources/sports-essentials/general/Sports-Rules-Article-1.pdf。

2 正式比賽

比賽項目旨在為不同能力的運動員提供比賽機會。各賽事可視情況決定所提供的比賽項目及視必要性訂定管理比賽項目之規章。教練可因應運動員的能力及興趣，選擇合適的項目加以培訓。

下列為特殊奧林匹克提供的正式項目：

2.1 速度運球

2.2 個人技術賽

2.3 團體技術賽

2.4 團體賽（5 對 5）

2.5 半場比賽（3 對 3）

2.6 融合運動 ® 團體賽（5 對 5）

2.7 融合運動半場比賽（3 對 3）

3 速度運球規則

3.1 器材

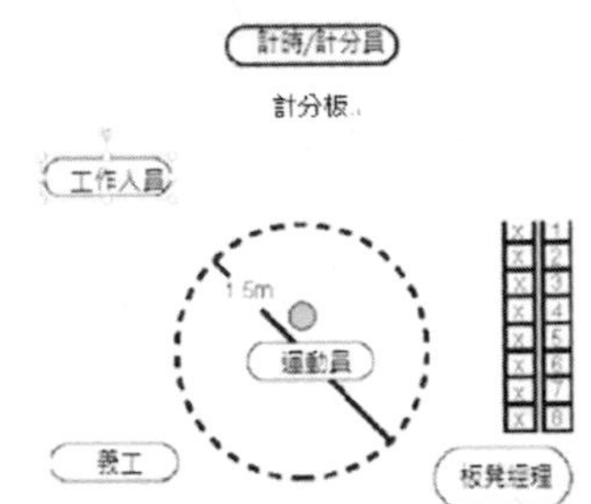

- 捲尺
- 地板膠帶或粉筆
- 一顆籃球（女子或青少年組可使用周長 72.4 公分（28.5 英寸）、重量：510 － 567 公克（18 － 20 盎司）的 6 號籃球）。
- 碼錶
- 計數器
- 裁判哨

3.2 場地設置

標示一個直徑 1.5 公尺（4 英尺 11 英寸）的圓圈。

3.3 規則

- 運動員只可單手運球。
- 比賽時，運動員必須站立或坐在輪椅或類似尺寸的椅子上。
- 運動員於哨聲響時開始／停止運球。
- 限時 60 秒，目標為限時內盡可能增加運球次數。
- 運球時運動員必須留在指定圈內。
- 若籃球滾出圈外，可交回給運動員，以繼續運球。
- 當籃球第三次滾出圈外，將停止計數並停止比賽。

3.4 計分

- 在 60 秒內，運動員每次合法運球則可得一分。

4 個人技術賽規則

個人技術賽分為 2 等級

4.1 第 1 級：

第 1 級個人技術賽由三個項目組成：目標傳球、10 公尺運球和定點投籃。運動員的最終得分為這三個項目的得分加總。運動員於這三個項目獲得的總分將做為預先分組之依據。請參考各項目簡圖，了解比賽時建議的志工人數與配置。此外，建議整個比賽過程都由相同的志工擔任同一工作，以維持賽事一致性。

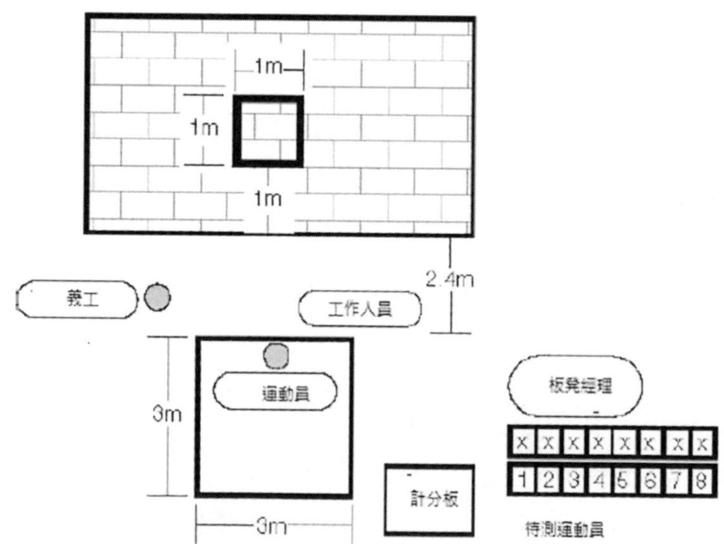

- **項目 1：目標傳球**

  1. 目的：評估運動員的傳球技巧。
  2. 器材：二顆籃球（女子或青少年組可改用周長 72.4 公分（28.5 英寸）、重量：510 － 567 公克（18 － 20 盎司）的 6 號籃球）、

平面牆、粉筆或地板膠帶、捲尺。

3. 說明：以粉筆或膠帶於牆上標示出一個邊長 1 公尺（3 英尺 3.5 英寸）的正方形，正方形底部邊線應距離地面 1 公尺（3 英尺 3.5 英寸）。在距離牆 2.4 公尺的地板上標示出一個邊長 3 公尺（9 英尺 9 英寸）的正方形。運動員須在此正方形內傳球。運動員輪椅的前輪輪軸不得超過邊線。每位運動員有五次傳球機會。

4. 計分：

（1）運動員每次將球擊中牆上正方形內即可得三分。

（2）運動員每次擊中正方形邊線即可得二分。

（3）運動員每次擊中牆、但未擊中正方形內或正方形任何部分，即可得一分。

（4）若運動員在地面正方形內，接住觸牆後反彈的籃球（未落地或彈地一次或多次以上），可另得一分。

（5）球若在擊中牆前落地彈起，則運動員得 0 分。運動員得分為五次傳球的得分總和。

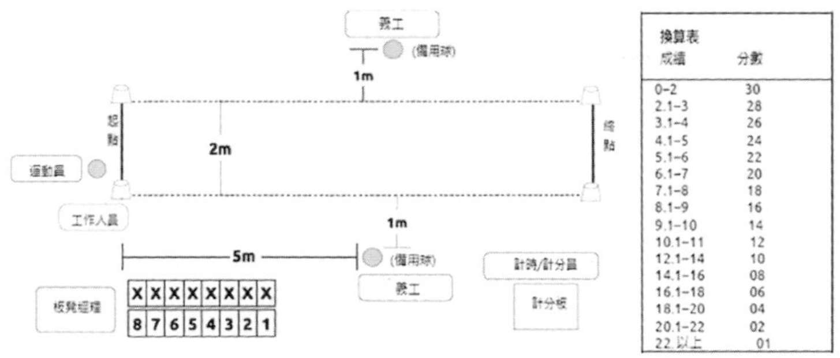

換算表

成績	分數
0-2	30
2.1-3	28
3.1-4	26
4.1-5	24
5.1-6	22
6.1-7	20
7.1-8	18
8.1-9	16
9.1-10	14
10.1-11	12
12.1-14	10
14.1-16	08
16.1-18	06
18.1-20	04
20.1-22	02
22 以上	01

- **項目 2：10 公尺運球**

1. 目的：評估運動員運球時的速度與技巧。

2. 說明：運動員於二個角錐之間的起點線後就定位，當裁判發出指令後開始運球。運動員應以單手運球完成 10 公尺（32 英尺 9¾ 英寸）的距離。輪椅運動員的合法運球方式為每推動輪椅兩次，需運球兩次。運動員必須越過二個角錐之間的終點線，並撿起籃球才能停止運球。若球滾出，裁判不會停止計時，運動員需自行撿回球再繼續比賽。然而，若球滾出 2 公尺賽道，運動員可撿起最近的備用球，或撿回出界球再繼續比賽。

3. 計分：

（1）運動員計時將從「Go（出發）」指令開始，直到運動員穿越二個角錐之間的終點線、撿起籃球並停止運球為止。

（2）運動員每次非法運球（例如：雙手運球、持球等），將加罰一秒。

（3）運動員有二次比賽機會。每次的計分係以完成時間加上加罰的秒數，然後依據換算表轉換為分數。

（4）最終分數會以運動員二次運球中，成績較佳者轉換所得分數為準（若出現平手，則將以實際時間區分排名）。

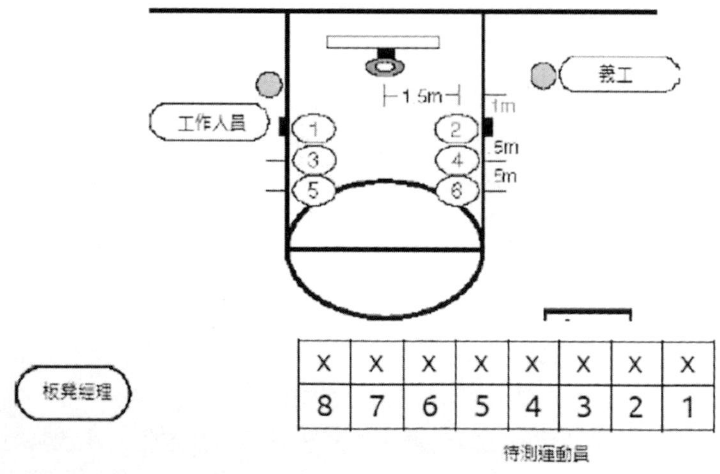

- **項目 3：定點投籃**

  1. 目的：評估運動員的投籃技巧。
  2. 器材：二顆籃球（女子或青少年組可改用周長 72.4 公分（28.5 英寸）、重量：510 － 567 公克（18 － 20 盎司）的 6 號籃球）、地板膠帶或粉筆、捲尺、3.05 公尺（10 英尺）籃球架（青少年組可使用 2.44 公尺（8 英尺）的籃球架）。
  3. 於地板標示六個定點，標示定點時，應從籃框前緣下方地板開始丈量。運動員於六個定點上投籃，每個定點有兩次機會。投籃順序為定點 2、4、6，然後定點 1、3、5。各定點的位置如下：

     （1）定點 1 與 2 ＝向左側／右側丈量 1.5 公尺（4 英尺 11 英寸），然後朝籃框反方向丈量 1 公尺（3 英尺 3.5 英寸）。

     （2）定點 3 與 4 ＝向左側／右側丈量 1.5 公尺（4 英尺 11 英寸），然後朝籃框反方向丈量 1.5 公尺（4 英尺 11 英寸）。

     （3）定點 5 與 6 ＝向左側／右側丈量 1.5 公尺（4 英尺 11 英寸），然後朝籃框反方向丈量 2 公尺（6 英尺 6 又 3/4 英寸）。
  4. 計分：

     （1）於定點 1 與 2，每投進一球，可得二分。

     （2）於定點 3 與 4，每投進一球，可得三分。

     （3）於定點 5 與 6，每投進一球，可得四分。

     （4）若球碰到籃板和／或籃框但沒有完全投進，可得一分。

     （5）運動員得分為 12 次投籃的得分總和。

     （6）運動員個人技術賽最終得分為這三個項目的得分加總。

4.2 第 2 級：

第 2 級個人技術賽由三個項目組成：12 公尺運球、傳接球和中距離投籃。運動員的最終個人得分為這三個項目的得分加總。運動員於這三個項目獲得的總分將做為預先分組之依據。請參考各項目簡圖，了解比賽時建議的志工人數與配置。此外，建議整個比賽過程都由相同的志

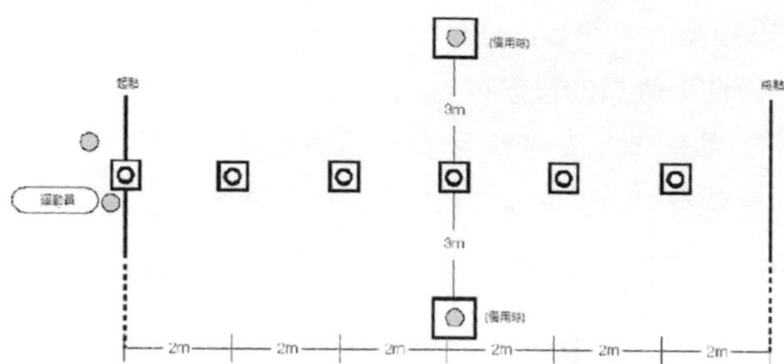

工擔任同一工作，以保持賽事一致性。

- **項目 1：目標傳球**

  1. 目的：評估運動員運球時的速度與技巧。
  2. 器材：一個籃框、符合全國運動管理機構規定的罰球區、地板膠帶與二個籃球（一個於開始時交給運動員、另一個則是球彈出界時的預備用球）。
  3. 説明：

     （1）在 12 公尺長場地上，六個障礙物以二公尺間距排成一線，運動員應依規運球交替通過障礙物的右側或左側。

     （2）運動員可從第一個障礙物的右側或左側開始，但之後必須交替通過各障礙物。

     （3）通過最後一個障礙物（最後一個角錐）時，運動員將運球繞過角錐，折返再次交替通過各障礙物的左側與右側。重覆此流程直到計時結束。

     （4）第二個球（與剩餘球）將置放於地板上，供折返的運動員取用並繼續比賽。

     （5）運動員應持續運球直到 60 秒結束。若球滾出限制範圍，仍會持續計時。

     （6）運動員可撿回滾出的球或撿起最近的備用球，回到場地任一位置繼續比賽。

4. 計時：每次限時 60 秒。
5. 計分：運動員每通過一個中點，可得一分。運動員必須合法運球且穩當控球，通過的角錐中點才能計分。運動員的得分為 60 秒內成功通過的角錐中點數量。
6. 其他準備事項：

（1）辦理測試的志工不得干擾任何參與測試的運動員。志工 A 將指示參與此測試的運動員，志工 B 則將示範實際測試內容。志工 A 將籃球交給受測的運動員，詢問是否準備就緒，接著發令「Ready（準備）」、「Go（出發）」，然後計算運動員於 60 秒內通過幾個角錐。

（2）志工 B 與志工 C 將站於備用球旁，並在球滾出界時撿回／替換籃球。志工 D 負責計時與記錄運動員的成績。各志工僅負責辦理測試及管理測試相關區域。

- **項目 2：中距離投籃**

1. 目的：評估運動員的投籃技巧。
2. 器材：地板膠帶、六個角錐和四個籃球（一個於開始時交付運動員、另兩個則是球彈出界時的備用球）。
3. 說明：

（1）運動員站立於罰球圈內罰球線旁。

（2）運動員朝籃框方向運球前進，在 2.75 公尺（9 英尺）弧線外任一位置嘗試投籃。嘗試投籃位置必須位於虛線標示的 2.75 公

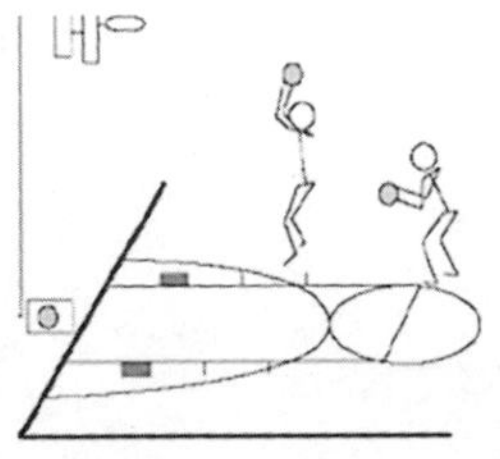

尺弧線外。（該弧線會與罰球圈交會）

（3）運動員接著搶籃板球（不論是否投進），並將球運至弧線外，再次嘗試投籃。

（4）運動員應在一分鐘時限內，依上述流程盡可能增加投籃命中次數。

4. 計時：每次限時 60 秒。
5. 計分：一分鐘時限內，每投進一球可得二分。
6. 其他準備事項：

（1）辦理測試的志工不得干擾任何參與測試的運動員。志工 A 將指示參與此測試的運動員，志工 B 則將示範實際測試內容。

（2）志工 A 把球交給將要參加測試的運動員，通過舉起手臂示意測試即將開始，並低聲吹口哨表示測試已經開始，並計算該運動員在一分鐘內投進多少個球。

（3）志工 B 將站於備用球旁，並在球滾出界時撿回／替換籃球。志工 C 負責計時與記錄運動員的成績。

（4）各志工僅負責辦理測試及管理測試相關區域。

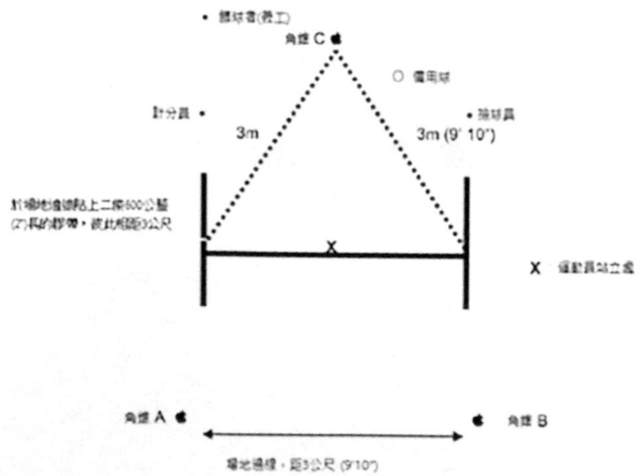

- **項目 3：傳接球**

1. 目的：評估運動員的傳球與接球技巧。
2. 器材：

（1）3 個角錐、2 個籃球、地板膠帶、蜂鳴器／裁判哨、計分台與時鐘。

（2）於場地邊線貼上二條 600 公釐（2 英尺）長的膠帶（於角錐 A 與 B），彼此相距三公尺（9 英尺 10 英寸）；接著在距邊線二端各三公尺處，放置角錐 C，形成一個三角形。

（3）角錐 A 與 B 中間以膠帶標示一個小交叉，也就是運動員開始前持球站立的位置。

（4）餵球者應站立於角錐 C 後方。

（5）預備用球則置於角錐 C 附近。

3. 說明：

（1）測試開始時，運動員將球傳給餵球者，並迅速移動至角錐 A 或 B。

（2）當運動員接近或到達邊線時，餵球者傳球給運動員接住。

（3）運動員接住球時，必須至少有一隻腳踩在邊線上。

（4）運動員須接住球，然後在邊線後方將球傳回給餵球者，此時運動員可以單腳或雙腳著地，但雙腳都必須在邊線後方。

（5）運動員傳出球後，應迅速移動至另一邊以接住下一次傳球。

（6）運動員持續傳球、沿底線移動及接球，限時 60 秒。

（7）能力不足／受限的運動員可使用地板傳球。

4. 計時：每次限時 60 秒。
5. 計分：

（1）每次成功傳球給餵球者（必須接住球），可得一分。

（2）每次運動員成功接球（如未漏接），可得一分。

（3）運動員必須能穩當控球，否則不予計分。

5 團體技術賽規則

5.1 器材

- 二顆籃球（女子或青少年組可改用周長 72.4 公分（28.5 英寸）、重量：510 － 567 公克（18 － 20 盎司）的 6 號籃球）。
- 公制捲尺
- 地板膠帶或粉筆
- 標準籃框（青少年組別賽事可使用離地 2.44 公尺（8 英尺）的籃框）。
- 計分表
- 計分板

5.2 場地設置

- 在地板上標示五個定點（類似 2 － 1 － 2 區域防守），運動員彼此相距 4 公尺（13 英尺 1.5 英寸）就定位（請見下圖）。
- 定點 5 應距籃框邊緣下方 2 公尺（6 英尺 6 又 3/4 英寸）。
- 各隊在賽前須提交隊員名單。
- 各隊須穿著印有號碼之制服或球衣。

5.3 規則

- 賽事總監將決定要進行幾場比賽。二隊（各五人）分別就定位於比賽場地的左右二區。每一回合只有一隊進行比賽。
- 比賽分上下半場，每半場共有五回合。每半場中，每位運動員將輪流站於五個定點。
- 各隊的五名隊員都須正確的接球並傳球給下一定點的隊友。
- 每回合開始時，大會工作人員會將球交給站於定點 1 的運動員。
- 定點 1 運動員將球傳給定點 2 運動員。定點 2 運動員將球傳給定點 3 運動員。依此順序傳球，直到球傳給定點 5 運動員。
- 運動員可以任何方式傳球，但必須按數字順序傳球。可地板傳球，但球只能彈跳一次。

- 若球傳過頭，可由運動員或大會工作人員撿回球。然而，運動員應先回到自己的定點，才可將球傳給下一位運動員。球必須在接球運動員可接球範圍內，才算正確傳球。
- 定點 5 運動員接到球後，即可嘗試投籃。
- 不可灌籃，灌籃將不予計分。
- 定點 5 運動員只有一次投籃機會。
- 定點 5 運動員投籃之後，該回合即結束。
- 第一隊第一回合結束後，則由第二隊進行第一回合。
- 每一回合結束，運動員將依數字順序站至下一定點。
- 每一回合結束，另一隊即接續進行比賽。各隊完成五回合後，上半場即結束。
- 接著中場休息五分鐘。
- 上半場結束後，雙方交換場地，然後在新場地完成下半場的五回合比賽。
- 替補運動員僅可於一回合結束後上場。
- 教練須留在距定點 2 與定點 4 至少 4 公尺（13 英尺 11.5 英寸）的邊線外。教練可以口語或手勢指示運動員。聽障運動員可由他人協助就定位。

5.4 計分

- 每次正確傳球，該隊可得一分。
- 每次成功接球，該隊可得一分。
- 每次投籃命中，該隊可得兩分。
- 成功完成一回合傳球、接球與成功命中，可加得一分。
- 各隊在一個半場中可累積分數上限為 55 分。
- 各隊最終得分為 10 回合得分加總。
- 分數最高的隊伍獲勝。
- 若比賽結束隊伍平手，則應進行加賽。一回合中分數高於對手者獲勝。

6 團體賽

6.1 分組

- 主教練在賽前須提交隊員名單中每位運動員的二項籃球技能評估成績（如運球與中距離投籃）。
- 這些技能測試僅供評估運動員／球隊能力用，而非比賽，因此不會頒發獎牌及彩帶。籃球技能評估相關資訊請見第 8 節。
- 主教練亦須註明球隊中實力最強的五名運動員，在其名字旁標示星號。
- 各隊的「隊伍分數」為隊中得分最高的七名運動員之平均分數。
- 所有隊伍將依據其籃球技能能力評估團隊分數進行初步分組。
- 另舉行一或多回合分組賽，以決定最後分組。
- 分組賽中，每隊將參與一場或多場比賽，每場時間最少 6 分鐘。
    1. 為確保公平競爭，隊伍於分組比賽時可能調整所屬組別。能力評估委員會有權於決賽賽事前調整分組。
    2. 委員會將盡一切努力確保比賽與分組流程的公正性，其最終目標在於讓能力相當的隊伍於同組中競賽。委員會之裁決為最終決定，不得提出申訴或抗議。
- 各隊所有運動員均須參與分組比賽。

6.2 比賽規則調整

以下為參考國際籃球總會規則所做之調整，並適用於特奧籃球比賽。相關規則調整不具強制性，各特奧賽事大會有權決定是否採用。

- 比賽長度經競賽主管裁決可予以調整。
- 比賽管理團隊有權決定將採用 24 秒或 30 秒進攻時限規定。
- 運動員可比全國運動管理機構之規則所允許之情況多走兩步。然而，若運動員因此獲得優勢而得分或擺脫防守，則應立即判為「走步」犯規。
- 罰球時，運動員從裁判手上獲得球後，應於 10 秒內投籃。

- 從前場發球入場時，球可直接傳回後場。
- 5 秒緊迫防守規則僅適用於前場。
- 第四節後判罰兩次罰球（非投籃）犯規（包括球員技術犯規）。
- 須於賽前取得核准，方可配戴醫療裝置，包括任何覆蓋面部、下臂（手肘至手腕）、膝蓋或小腿之裝置。說明裝置目的與組成的醫師文件有助於評估風險管理問題。

6.3 隊伍與運動員

- 每隊應由五名運動員組成。
- 每隊人數（包括替補運動員）不得超過 10 人。

6.4 制服／服裝

- 所有運動員必須穿著籃球服裝，球衣上須印有清晰的編號，並穿著平底（塑膠鞋底）運動鞋。
- 隊伍球衣與球褲顏色與款式應一致。
- 若穿著內搭衣，則必須與球衣本體顏色相同。各隊運動員可自由選擇是否穿著內搭衣，無須統一，且短袖或無袖皆可（但邊緣不得雜亂或參差不齊）。
- 允許戴頭巾，但應遵守 FIBA 規則。
- 不遵守服裝規定之運動員將不允許參賽。

7 半場比賽：3 對 3

7.1 分組

- 主教練在賽前須提交隊員名單中每位運動員共兩項籃球技能評估成績（如運球與中距離投籃）。
- 主教練亦須註明球隊中實力最強的三名運動員，在其名字旁標示星號。
- 各隊的「隊伍分數」為隊中得分最高的四名運動員之平均分數。
- 所有隊伍將依據其籃球技能能力評估團隊分數進行初步分組。

- 另舉行分組賽，以決定最後分組。
  1. 分組賽中，每隊將參與一場或多場比賽，每場時間不得多於 6 分鐘。

     （1）為確保公平競爭，隊伍於分組比賽時可能調整所屬組別。能力評估委員會有權於決賽賽事前調整分組。

     （2）委員會將盡一切努力確保比賽與分組流程的公正性，其最終目標在於讓能力相當的隊伍於同組中競賽。委員會之裁決為最終決定，不得提出申訴或抗議。
- 各隊所有運動員均須參與分組比賽。

7.2 目標

- 藉由半場籃球賽事，讓更多隊伍得以參加特奧籃球比賽。
- 亦可協助能力不足的運動員提升能力以期參與全場籃球賽。
- 然而，應以實施正規籃球賽事為最終目標。

7.3 比賽場地與器材

- 可使用標準籃球場的任一邊半場區。場地將以籃下底線，兩邊邊線及半場中線為界。
- 各隊必須穿著統一制服。隊伍球衣前後應為相同的單色。每位運動員球衣前後均應印有其號碼（以阿拉伯數字表示）。球衣背後號碼高度不得小於 20 公分（6 － 8 英寸），前方號碼則不得小於 10 公分（4 英寸），數字寬度不得小於 2 公分（3/4 英寸）。球衣號碼應符合相關全國運動管理機構之規定。

7.4 隊伍與運動員

- 每隊最多可有五名運動員，包括三名先發與兩名替補運動員。
- 半場籃球賽為三對三比賽。比賽開始時每隊必須有三名運動員上場。比賽開始後，若因運動員受傷或身體不適，則隊伍人數可少於三人，但比賽開始時一定要有三名運動員。融合運動 3 對 3 比賽中，可接受

比例為一名運動員與一名融合夥伴。球隊不得因運動員受傷而少於兩名的最低人數，必須至少有一名運動員在球場上完成比賽。如果由於被取消資格或受傷而沒有運動員留下，該隊將不得不放棄比賽。

7.5 比賽

- 比賽時間為 10 分鐘，或任一方先取得 21 分為止。投籃命中可得 1 分，若從罰球線後方投籃命中則可得 2 分，罰球一次得 1 分。
  1. 比賽期間會計時，出現死球情形 （例如：犯規、違例、投籃命中和暫停）時均會停錶。
  2. 比賽開始時會以擲硬幣方式決定控球權，擲贏的球隊可決定選擇開賽或延長賽的開始球權。不跳球，擲硬幣獲勝者先得控球權，之後以球權輪替來取代跳球。
  3. 先取得 20 分或 20 分鐘比賽結束時得分較高的一方獲勝。
  4. 若法定比賽時間結束後雙方同分，而需進行延長賽。由未獲開賽球權的隊伍開始延長賽，先得 2 分的球隊將贏得比賽。

7.6 比賽

- 所有死球情形由裁判來裁決。
- 裁定犯規或違例後或其他裁判吹哨的情況下，球將視為死球。投籃命中者則為活球。
- 投籃命中後雙方會交換控球權。非得分球隊的運動員應通過籃框正下方（而不是從端線後面）運球或傳球回三分線後的球場上，從而恢復比賽。 防守方不得在籃下的「進攻免責區」搶球。 然而，若運動員在進攻時遭防守犯規並投籃命中，得分將被計入，並判罰 1 次或 2 次罰球。
- 死球後的球權從洗球開始，即在三分線弧頂外（防守運動員和進攻運動員間）交換球。
- 交換控球權時，剛取得控球權的一方必須將球送到三分線後，亦即運動員的雙腳皆不在三分線內或線上。當球與運動員都在線外，12 秒進攻時間就開始計時。

- 當剛剛獲得控球權的防守方在三分線後沒有拿回球就試圖投籃時，視作違例。如果防守方在獲得控球權後未將其收回，在三分線後嘗試投籃，則控球權作為死球回到進攻方，並將在球場頂部的弧線後以洗球開始比賽。
- 在洗球之前的死球上可以進行替補。替補隊員可以在他／她的隊友走下球場並在籃框對面的底線後與他／她建立身體接觸（如握手）後進入比賽。替補隊員不需要裁判或球台官員的任何行動。
- 每隊可有一次 60 秒的暫停。運動員受傷時間可由裁判宣布。
- 在發生跳球的情況下（對方運動員的一隻手或兩隻手緊緊抓住球，只能通過力量來獲得球權），球應判給防守方。
- 若運動員身體碰觸設置在場內的籃球架，只要該運動員並未控球，則不算出界。若球碰觸籃球架，則視為出界。任何運動員皆不得利用籃球架得利，或使對手運動員處於劣勢。
- 球員或教練可以口頭或手勢要求暫停。

7.7　犯規與處罰

- 犯規係指涉及與對手身體接觸或違反運動家精神之行為的違規。犯規運動員將被處罰。
- 所有犯規（個人、一般或技術）情況下，被犯規的一方將獲得控球權，於罰球線延伸後方，罰球區頂端的指定位置上重新開球。若運動員在進攻時遭防守犯規下投籃命中，將計算得分，被犯規的一方同時擁有控球權。在所有情況下，都不會判罰球。（請見下圖）。
- 沒有個人或團隊的犯規限制。如果運動員在多次犯規和裁判的警告後仍不調整自己的比賽，裁判可以決定給該運動員一次不符合體育精神的犯規（2 次違反體育道德的犯規將被取消比賽資格）。團隊犯規每隊限為 6 次。球隊犯規 7、8、9 次，可罰 2 次罰球。球隊犯規 10 次

及以上的處罰是 2 次罰球和球權。本條款也適用於投籃過程中的犯規，並優先於 7.7.2。

- 技術犯規應判給 1 次罰球和球權。違反體育道德的犯規，應判罰 2 次罰球和球權。
- 發球入場時，應在五秒內發球，超過五秒則失去控球權。

7.8 重點

- 「兩次運球」將視為犯規。
- 關於比賽規則調整：
- 運動員允許多走兩步。然而，若運動員因此獲得優勢而得分、「走步」或擺脱防守，則應立即判違例。

7.9 融合運動項目

- 融合運動團體賽（含 3 對 3 比賽）
    1. 隊員名單中，運動員與融合夥伴的人數應維持一定比例。
    2. 3 對 3 隊伍：比賽開始後，若因運動員受傷或身體不適，則隊伍人數可少於三人，但比賽開始時一定要有三名運動員。可接受最低比例為一名運動員與一名融合夥伴。未能遵守規定比例將導致喪失資格。
    3. 5 對 5 隊伍：比賽開始時需有五名運動員。根據國際籃球總會規則，隊伍最少應有二名運動員才能繼續比賽，否則應棄權。比賽開始後與比賽期間，隊伍成員應符合下列任一比例：3 名運動員與 2 名融合夥伴、2 名運動員與 2 名融合夥伴、2 名運動員與 1 名融合夥伴、1 名運動員與 1 名融合夥伴。未能遵守規定比例則默認為喪失資格。

       例外：允許 3 名運動員和 1 名隊員，這樣一隊就不會因為犯規而為了遵守 3 名運動員和 2 名隊員的比例而把運動員也撤走。
    4. 各隊應至少一名教練，負責競賽期間的陣容安排與隊伍管理。

8 籃球技能評鑑（BSAT）

8.1 運球

- **場地設置：**

  籃球場地區域（最好是沿邊線或中線）、六個角錐、地板膠帶和四個籃球（一個於開始時交給運動員、二個是球彈出界時的預備用球、一個於比賽期間使用）。

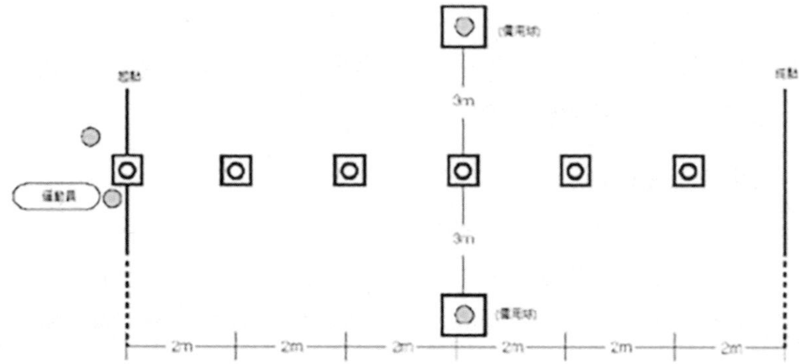

- **計時：**

  每次限時 60 秒。

- **測驗**

  1. 在 12 公尺長場地上，六個障礙物以 2 公尺（6 英尺 6 又 3/4 英寸）間距排成一線，運動員應依規運球交替通過障礙物的右側或左側。
  2. 運動員可從第一個障礙物的右側或左側開始，但之後必須交替通過各障礙物。每通過一個圓錐體可得一分。(例如，如果選手從起跑線上成功運球，在整個障礙物中穿梭一次，並在終點處將球放下，即得 5 分)。
  3. 通過最後一個障礙物並到達終點線時，運動員將球放下，衝刺回起點並使用下一顆球再次通過各障礙物。

4. 運動員應持續此流程直到 60 秒結束。
5. 若球滾出限制範圍，仍會持續計時。
6. 運動員可撿回滾出的球或撿起最近的預備用球，回到場地任一位置繼續比賽。

- **計分**
  1. 運動員必須合法運球且在角錐間穩當控球，通過的角錐才能計分。
  2. 運動員的得分為 60 秒內成功通過的角錐（中點）數量。
- **其他準備事項**
  1. 辦理測試的志工不得干擾任何參與測試的運動員。
  2. 志工 A 將指示參與此測試的運動員，志工 B 則將示範實際測試內容。
  3. 志工 A 將籃球交付給受測的運動員，通過舉起手臂示意測試即將開始，並低聲吹口哨表示測試已經開始，並計算該球員在一分鐘內投進多少個球。
  4. 志工 B 與志工 C 將站於預備用球旁，並在球滾出界時撿回／替換籃球。
  5. 志工 D 負責計時與記錄運動員的成績。
  6. 各志工僅負責辦理測試及管理測試相關區域。

8.2 中距離投籃

- **場地設置：**

  一個籃框、符合全國運動管理機構規定的罰球區、地板膠帶與二個籃球（一個於開始時交付運動員、另一個則是球彈出界時的備用球）。
- **計時：**

  每次限時一分鐘。
- **測驗**
  1. 運動員站立於罰球線與罰球區交接處，左右皆可。運動員朝籃框方向運球前進，在 2.75 公尺（9 英尺）弧線外任一位置嘗試投籃。

2. 嘗試投籃位置必須位於虛線標示的 2.75 公尺弧線外（該弧線會與罰球圈交會）。
3. 運動員接著搶籃板球（不論是否投進），並將球運至弧線外，再次嘗試投籃。
4. 運動員應在一分鐘時限內，依上述流程盡可能增加投籃命中次數。

- **計分**
  1. 一分鐘時限內，每投進一球可得二分。
- **其他準備事項**
  1. 辦理測試的志工不得干擾任何參與測試的運動員。
  2. 志工 A 將指示參與此測試的運動員，志工 B 則將示範實際測試內容。
  3. 志工 A 將籃球交付給受測的運動員，通過舉起手臂示意測試即將開始，並低聲吹口哨表示測試已經開始，並計算該球員在一分鐘內投進多少個球。
  4. 志工 B 將站於備用球旁，並在球滾出界時撿回／替換籃球。
  5. 志工 C 負責計時與記錄運動員的成績。
  6. 各志工僅負責辦理測試及管理測試相關區域。

9 場地和器材

9.1 籃球

- 男子 12 歲以上組別賽事，應使用 7 號球。圓周：749 公釐（29.5 英寸）至 780 公釐（30.7 英寸）間；重量：567 公克（20 盎司）至 650 公克（23 盎司）間。
- 女子 2 歲以上組別賽事，應使用較小的 6 號球。圓周：724 公釐（28.5 英寸）至 737 公釐（29 英寸）間；重量：510 公克（18 盎司）至 567 公克（20 盎司）間。

- 男子／女子 12 歲以下組別賽事應使用較小的 5 號球。圓周：686 公釐（27 英寸）至 724 公釐（28.5 英寸）間；重量：397 公克（14 盎司）至 454 公克（16 盎司）間。

9.2 籃球架

- 球籃應包括籃板、籃框和籃網。
- 比賽籃框通常離地 3.05 公尺（10 英尺）。
- 青少年組別賽事可使用離地 2.44 公尺（8 英尺）的籃框。

■ 籃球教練指南

致謝

特殊奧運運動由衷感謝安納伯格基金會（Annenberg Foundation）贊助本教練指南之製作，及提供資源支持我們在全球各地提升教練水準的工作。

特殊奧運也要感謝多位專業人士、志工、教練，以及運動員，在《籃球教練指南》製作期間，不吝給予協助，一同履行特殊奧運的使命：為八歲以上的智力障礙人士，提供一整年均可進行的各種奧運運動的訓練及競賽，並持續提供機會，協助他們提升體適能，展現勇氣，感受快樂，將自身的天賦、技能與情誼，與家人、其他特殊奧運運動員，以及整個社會共享。

特殊奧運歡迎各界提供寶貴意見，協助我們改善本教練指南。感謝對象的名單若有不慎遺漏之處，懇請見諒。

感謝下列作者

Dave Lenox，特殊奧運會

Ryan Murphy，特殊奧運會

特別感謝

William Brown，籃球運動資源團隊（Basketball Sport Resource Team）成員

Leon Burwell，籃球運動資源團隊成員

Floyd Croxton，特殊奧運會運動員

Wanda Durden，（前）特殊奧運會

Vickie Forsyth，籃球運動資源團隊成員

Harold Holland，籃球運動資源團隊成員

John Moreau，籃球運動資源團隊成員

Michael Mundy，籃球運動資源團隊成員

Paul Whichard，特殊奧運會

Sailaja Akunuri

美國馬里蘭州特殊奧運會

北美洲特殊奧運會

美國馬里蘭州蒙哥馬利郡（Montgomery County）特殊奧運會的運動員影片

Terrel Limerick，特殊奧運會運動員

Bobby，美國馬里蘭州蒙哥馬利郡特殊奧運會運動員

Bobby，美國馬里蘭州蒙哥馬利郡特殊奧運會運動員

Joe，美國馬里蘭州蒙哥馬利郡特殊奧運會運動員

Max，美國馬里蘭州蒙哥馬利郡特殊奧運會運動員

Rachel，美國馬里蘭州蒙哥馬利郡特殊奧運會運動員

Ricardo，美國馬里蘭州蒙哥馬利郡特殊奧運會運動員

Jacky Loube，特殊奧運會籃球技術代表

籃球教練指南

籃球指導技巧

目次

目標

要為每一位運動員設定務實但仍具挑戰性的目標，運動員在訓練及競賽期間才有動力。訓練與競賽計畫的執行，是以這些目標為準。運動員具有運動自信心，會覺得參與過程很有趣，也會更有動機。有關設定目標的詳細說明與練習，請見「指導的原則」。

效益

- 提升運動員的體適能
- 培養自律
- 培養從事其他活動所必備的運動技巧
- 傳授運動員自我表現（self-expression）與社會互動的方法

設定目標與激勵

藉由設定目標提升自信

運動員在類似競賽的環境，藉由重複練習達成目標，能提升自信。設定目標需要運動員與教練合作進行。設定目標的重點包括：

1. 應設定短期、中期，以及長期目標。
2. 應將目標視為邁向成功的跳板。
3. 應設定運動員能接受的目標。
4. 目標應有不同的難易度－從容易達成到有挑戰性
5. 目標必須是可量化的。
6. 擬定運動員的訓練及競賽計畫，應以設定的目標為準。

運動員無論有無智能障礙，達成短期目標的成就感，都會高於達成長期目標。但不要怕挑戰運動員。要跟運動員一起規劃他們的目標。例如可以問運動員：「你今天要正確傳球幾次？我們看看你上次練習，正確傳球有多少次。你的個人最佳紀錄是幾次？你覺得你能做到幾次？」設定目標也必須了解運動員參與的原因。有些參與的原因會影響運動員

的動機與目標設定：

- 年齡的適合程度
- 能力等級
- 準備程度
- 運動員表現
- 家庭影響
- 同伴影響
- 運動員偏好

表現目標 vs. 結果目標

有效的目標是以表現為重，而不是以結果為重。表現是運動員自己能控制的，結果則往往由別人控制。運動員有可能表現極佳，卻沒能贏得競賽，因為其他運動員表現更好。反過來說，運動員表現不佳，只要其他運動員表現更差，還是可以贏得競賽。如果運動員的目標是在某個時間內跑完全程，運動員對於達成目標比較能控制，比較不能控制能否贏得競賽。但如果目標是以正確的方式跑完全程，運動員對於達成目標就更能控制。這種表現目標最終能讓運動員更能控制自身的表現。

藉由設定目標激勵運動

過去三十年間已然證實，設定目標是激勵運動員最簡單，也是最有效的方法。概念雖然不是新的，但現在設定目標的方法比以前更進步，也更明確。激勵說穿了就是確認需求，並且努力滿足這些需求。你要如何強化運動員的動機？

1. 運動員學習技巧遇到困難，要花更多時間關心他。
2. 運動員的技巧只要有些微進步，就要給予獎勵。
3. 制訂除了贏得競賽之外的衡量成就的方式。
4. 讓你的運動員知道，你很重視他們。

5. 讓你的運動員知道，你以他們為榮，也認同他們的努力。

6. 讓你的運動員充滿自我認同感。

目標能指引方向，讓我們知道該完成哪些事情。目標也能推升努力、堅持，以及表現。運動員與教練要設定目標，也必須選擇達成目標的方法。

可量化且具體

有效的目標必須非常具體且可量化。類似「我要竭盡所能！」或是「我要改善我的表現！」之類的目標很籠統，難以量化。聽起來很正面，但很難評估究竟達成了沒有，甚至可以說不可能評估。設定可量化的目標，必須以運動員過去一至兩星期的表現為基準，才會務實可行。

有難度，但務實可行

有效的目標，應該要讓運動員覺得有挑戰性，但沒有威脅性。所謂有挑戰性的目標，就是運動員覺得有難度，但只要發揮合理的努力或能力，就能在合理的時間內達成的目標。而有威脅性的目標，則是讓運動員覺得以現在的能力，無法達成的目標。一個目標是否務實可行，需要人為判斷。依據過往一至兩星期的表現制訂的目標，應該會比較務實可行。

長期目標 vs. 短期目標

長期目標與短期目標都能指引方向，但短期目標最能激勵運動員。短期目標比較容易達成，也是遙遠的長期目標的跳板。不切實際的短期目標，比不切實際的長期目標更容易被發現。所以可以在浪費寶貴的練習時間之前，調整不切實際的目標

正面目標 vs. 負面目標

正面目標告訴我們什麼事情該做，而不是什麼事情不該做。負面目

標則是告訴我們，哪些錯誤是我們想避免或消滅的。教練與運動員設定正確目標，也要決定如何達成這些目標。一旦確定目標，運動員與教練必須選擇具體的策略與方法，才能順利達成目標。

設定優先次序

有效的目標數量有限，而且對運動員來說有意義。目標的數量有限，所以運動員與教練必須判斷，哪些是運動員持續發展所不可或缺的。運動員與教練精挑細選少量的目標，比較能夠製作正確的紀錄，不需要忙著做一大堆紀錄。

共同設定目標

運動員若是決心達成目標，設定目標就能有效激勵運動員。目標的設定要是沒有運動員的大量參與，而是直接強加在運動員身上，激勵的作用就有限。

設定具體的時間表

訂下目標日期，運動員就會有急迫感。有了具體的目標日期，比較不會有不切實際的想法，還能釐清哪些目標務實可行，哪些不是。在高風險運動的領域，運動員往往會因為恐懼，而拖延學習新技巧的時間，時間表在這種情形格外好用。

正式目標 vs. 非正式目標

有些教練與運動員認為，應該要在練習時間之外的正式會議設定目標，而且必須經過長時間的審慎評估。目標其實就是教練多年來所用的循序漸進的發展，只是現在表達成可量化的表現，而不是籠統概括的結果。

團隊目標 vs 個人目標

團隊目標對團隊運動來說非常重要，但其實大多數的團隊目標，都能劃分為個人應承擔的角色或責任。團隊的每一位運動員，必須履行個人的角色或責任，團隊才能有效運作。

目標設定的領域

運動員要設定目標，通常會著重在學習新技巧，或是競賽的表現。教練應扮演的重要角色，是擴大運動員在這些領域的視野，而設定目標在這方面就能發揮作用。設定的目標可以是提升體適能、改善出席率、增加強度、培養運動員精神、培養團隊精神、找出更多空閒時間，或是建立表現的穩定度。

設定目標

設定目標需要運動員與教練一起努力。以下是設定目標的重點：

設定成短期或長期

- ☐ 成功的跳板
- ☐ 必須為運動員所接受
- ☐ 有不同的難易度，從容易達成到具挑戰性
- ☐ 必須是可量化的

短期目標

- ☐ 在有趣的環境學習籃球

長期目標

培養運動員的基本籃球技巧，合宜的社會行為，並協助運動員認識籃球競賽的規則，以順利參與籃球競賽。

評估目標的檢視清單

1. 寫下目標宣言。
2. 目標是否符合運動員的需求？
3. 目標是否以正面的文字表述？如果不是，那就重寫。
4. 目標是不是運動員所能控制的？是不是只與這一位運動員的行動有關，與其他人的行動無關？
5. 目標是否足夠重要，能讓這位運動員努力達成？運動員是否具備達成目標所需的時間與精力？
6. 運動員達成這項目標，人生會有哪些不同？
7. 運動員在達成這項目標的過程中，會遇到哪些障礙？
8. 運動員還需要知道哪些資訊？
9. 運動員需要學會做哪些事情？
10. 運動員需要承擔哪些風險？

八週訓練計畫

下面介紹的八週訓練計畫，曾經由不同能力程度的運動員，在各種訓練課程使用，且效果良好。下列的訓練計畫是範例，並不是必修的訓練課。在最理想的狀況，你會有遠遠超過八週的時間可進行訓練，也會有遠超過這裡所列舉的競賽機會。

第一週：練習一

- 以步法活動及帶球活動暖身，然後進行伸展。
- 進行籃球技巧評估測驗（BSAT's）：運球、籃板球、中距離投籃。
- 緩和運動與團隊訓話。

第一週：練習二

- 以步法活動及帶球活動暖身，然後進行伸展。
- 進行籃球自我訓練課程：著重在運球主題。
- 進行運球捉人遊戲（Dribble Tag），同時介紹進攻與防守的概念。
- 緩和運動與團隊訓話。

第二週：練習一

- 以步法活動及帶球活動暖身，然後進行伸展。
- 將團體分為人數相同的 4 組，進行 4 站技巧訓練（每一站 10 分鐘）：運球、傳球與接球、投籃，以及追球。
- 進行有控管的教學賽。
- 緩和運動與團隊訓話。

第二週：練習二

- 以步法活動及帶球活動暖身，然後進行伸展。
- 將團體分為人數相同的 4 組，進行 4 站技巧訓練（每一站 10 分鐘）：運球、傳球與接球（介紹發球入場 throw-in）、投籃，以及追球。
- 傳授半場的簡易進攻，教學賽。
- 緩和運動與團隊對話。

第三週：練習一

- 以步法活動及帶球活動暖身，然後進行伸展。
- 將團體分為人數相同的 4 組，進行 4 站技巧訓練（每一站 10 分鐘）：運球、傳球與接球、投籃與籃板球，以及 1 對 1 防守。）
- 複習半場的簡易進攻、傳授簡易防守，教學賽。
- 緩和運動與團隊對話。

第三週：練習二

- 以步法活動及帶球活動暖身，然後進行伸展。
- 傳授簡易的賽前熱身動作。
- 將團體分為人數相同的 4 組，進行 4 站技巧訓練（每一站 5-7 分鐘）：運球、傳球與接球、投籃與籃板球，以及 1 對 1 與 2 對 1 防守。
- 複習半場的簡易進攻防守，進行教學賽（介紹 3 秒區）。
- 緩和與團隊訓話。

第四週：練習一

- 以步法活動及帶球活動暖身，然後進行伸展。
- 進行賽前熱身。
- 將團體分為人數相同的 4 組，進行 4 站技巧訓練（每一站 5-6 分鐘）：運球、傳球與接球、投籃與籃板球，以及 2 對 1 防守。
- 複習半場簡易進攻防守，進行教學賽（介紹下半場攻守換邊規則）。
- 緩和運動與團隊對話。

第四週：練習二

- 以步法活動及帶球活動暖身，然後進行伸展。
- 進行賽前熱身。
- 將團體分為人數相同的 4 組，進行 4 站技巧訓練（每一站 5 分鐘）：運球、傳球與接球、投籃與籃板球，以及 2 對 1 與 2 對 2 防守。
- 複習半場簡易進攻防守，進行教學賽（傳授跳球 jump ball），並練習下半場攻守換邊）。
- 緩和運動與團隊對話。

第五週：練習一

- 賽前暖身及伸展。
- 將團體分為人數相同的4組，進行4站技巧訓練（每一站4-5分鐘）：運球、傳球與接球、罰球與籃板球，以及2對2。
- 複習半場進攻防守，進行縮時籃球賽（插入籃下出界的狀況）。
- 緩和運動與團隊訓話。

第五週：練習二（本地球隊對抗賽）

第六週：練習一

- 進行步法活動、賽前暖身，以及伸展。
- 將團體分為人數相同的4組，進行4站技巧訓練（每一站4分鐘）：運球、傳球與接球、罰球與籃板球，以及3對2。
- 複習半場進攻防守，進行短時間比賽（強調球員位置及下半場攻守換邊、複習籃下出界的情況，插入邊線出界的情況）。
- 緩和運動與團隊對話。

第六週：練習二

- 進行步法活動、賽前暖身，以及伸展。
- 將團體分為人數相同的4組，進行4站技巧訓練（每一站4分鐘）：運球、傳球與接球、罰球與籃板球，以及3對2與3對3。
- 複習半場進攻防守，進行短時間比賽（強調球員位置及下半場攻守換邊，複習籃下出界與邊線出界的情況）。
- 緩和與團隊對話。

第七週：練習一

- 進行步法活動、賽前暖身，以及伸展。
- 將團體分為人數相同的4組，進行4站技巧訓練（每一站3-4分鐘）：運球、傳球與接球、罰球與籃板球，以及3對2與3對3。
- 複習半場進攻與防守，進行縮時比賽（強調球員位置及下半場攻守換邊，複習籃下及邊線出界的情況）。

- 緩和運動與團隊對話

第七週：練習二（本地球隊對抗賽）

第八週：練習一

- 進行步法活動、賽前暖身，以及伸展。
- 將團體分為人數相同的4組，進行4站技巧訓練（每一站3-4分鐘）：運球、傳球與接球、罰球與籃板球，以及3對2與3對3。
- 準備參加區域錦標賽，設置任何情況與教學賽。
- 緩和運動與團隊對話

第八週：練習二（參加區域錦標賽）

- 前往賽場、抵達賽場、球隊與「個人技巧」運動員登記、檢視賽程。
- 比賽前一個半小時之前吃點心或用餐（如有必要，也可於賽後進行）。
- 比賽前20分鐘開始暖身與伸展。
- 比賽開始。
- 領獎。
- 緩和運動。
- 回家。

八週訓練結束之後

- 繼續訓練運動員參加本地或區域之外的競賽
- 邀請運動員、父母、球隊職員、場地提供者、贊助者等等。
- 舉辦結訓派對，肯定運動員的成績，並感謝助理教練的辛勞。
- 感謝場地提供者。
- 感謝助理教練。
- 感謝其他志工。
- 將追蹤報導與照片寄給媒體。
- 賽季檢討。
- 擬定來年的賽季計畫。

練習時程表範例

籃球第一週練習

建議最少進行兩種練習（兩種都要重複並強化概念）

20 分鐘	全體進行 4 種暖身，從球場的一端開始，慢跑（向前、向後、防守滑步）運球、傳球、以及朝向球移動（2 人一組，從一端的邊線移動到另一端的邊線）。第一人運球至另一端的邊線，面向運球那隻手的那一邊，朝著新方向運球，在中途停下，傳地板球給搭檔。搭檔移動後把球接住，然後繼續運球，重複第一人的動作。 伸展：小腿、腿後肌群、四頭肌、鼠蹊部、手臂
25 分鐘	技巧訓練（一顆籃球有 1-2 位教練，每一站 5 分鐘，慢跑到下一站，運動員依照能力分組，力量與體型接近的分在同一組較為安全） • 籃板球：「去追球」（將球直線滾向前方，再滾向兩側；將球直線彈向前方，再彈向兩側，將球直線拋向前方，再拋向兩側）。由教練與排成一排的運動員一同進行。運動員去拿球，拿到球，地板傳球給教練，再到隊伍的最後面。 • 投籃：以正確的投籃姿勢拿球（投籃慣用手在上方，輔助手在旁邊），短距離投籃。運動員在圈線排成一排，教練位於籃框前，位於運動員的一側，運動員對準籃板投籃。如果時間許可，可以安排運動員從教練手中接過球，以正確的投籃姿勢拿球。 • 2 對 1 教練（2 位進攻球員對抗 1 位扮演防守球員的教練，練習傳球、移動、籃板球，以及得分）：這是進攻的開始。3 對 3：練習三角防守隊形（走向球，腹部面向球）。重點在於防守，在於以反應與移動擋下球。首先練習傳球，防守球員必須走向球，腹部面向球。 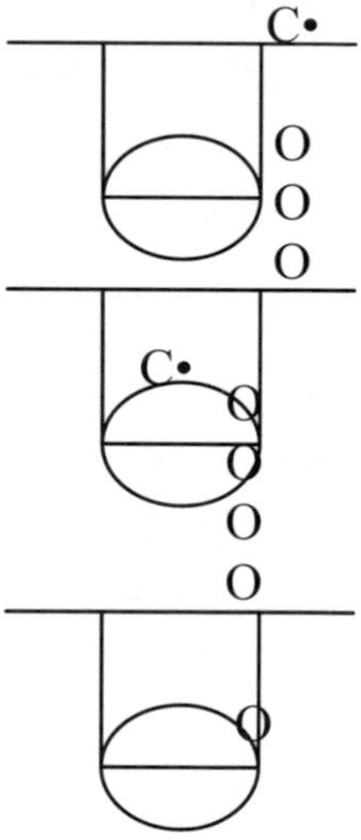
35 分鐘	5 對 5 球隊的球隊概念 • 進攻球員及 2-3 位的防守球員，沒有對手：練習「去追球」進攻。 • 接著進行教學賽（打球），教練可能必須「跟隨」能力較低的運動員，幫助他們找到場上的位置。

ISC（個人技巧競賽）運動員的個人技巧訓練：10 公尺運球、目標傳球、定點投籃

- 進行個人技巧競賽並計分，紀錄運動員的表現。
- 然後進行簡易的趣味技巧競賽，亦即「限時投籃」：運動員從位置 1 與位置 2，在 30 秒之內能投進幾球。

  調節活動：插隊、仰臥起坐、伏地挺身

10 分鐘	全體集合進行緩和伸展與獎勵：組成「贏家表揚圈」，每一位運動員都得到肯定，教練指出每一位運動員的一項值得肯定之處。

籃球第二週練習

建議最少進行兩種練習（兩種都要重複並強化概念）

20 分鐘	暖身：慢跑（向前再向後、左右（防守滑步）） 運球、傳球、以及朝向球移動（2 人一組，從一端的邊線移動到另一端的邊線）。 伸展：小腿、腿後肌群、四頭肌、鼠蹊部、手臂

25 分鐘	技巧訓練（一顆籃球有 1-2 位教練，每一站 5 分鐘，慢跑到下一站，運動員依照能力分組，力量與體型接近的分在同一組較為安全） • 籃板球：「去追球」（從滾球、彈球、拋球，再加上投籃，運動員仍然排成一排，但教練從旁邊投籃）。由教練與排成一排的運動員一同進行。運動員去拿球，拿到球，地板傳球給教練，再到隊伍的最後面。 • 投籃：以正確的投籃姿勢拿球（投籃慣用手在上方，輔助手在旁邊），接到傳球、投籃、搶籃板，然後再短距離投籃。運動員在圈線排成一排，教練位於籃框下，與運動員一起排成一排。 • 2 對 1 教練（2 位進攻球員對抗 1 位扮演防守球員的教練，練習傳球、移動、籃板球，以及得分，教練不斷增強防守） • 3 對 3：繼續練習防守（走向球，腹部面向球，再加上「關門」）。重點在於防守，在於以反應與移動擋下球。首先練習傳球，防守球員必須走向球，腹部面向球，然後再運球到空隙，防守方要「關門」，距離最近的防守球員要聚在一起，不讓進攻球員穿過空隙。得分，教練不斷增強防守） 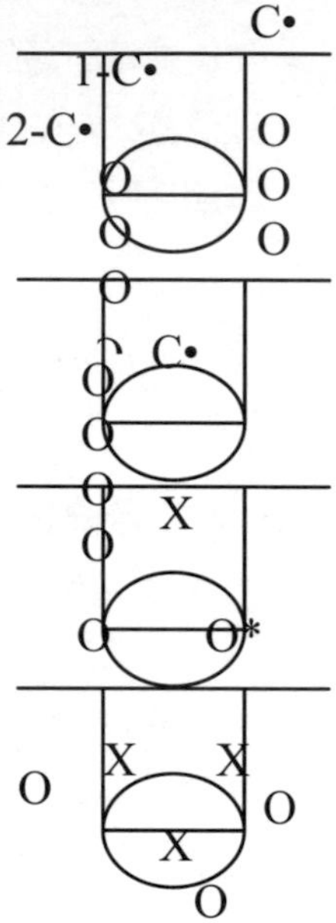
35 分鐘	5 對 5 球隊的球隊概念 • 進攻球員及 2 打 3 的防守球員，沒有對手：繼續練習「去追球」進攻，從半場跑到設定的位置，接著展開進攻。 • 加入比賽開始時的跳球練習，加入邊線進攻練習：球隊就「設定」位置，傳球最厲害的球員或控球後衛將球拿出界外。

ISC（個人技巧競賽）運動員的個人技巧訓練：10 公尺運球、目標傳球、定點投籃

- 進行個人技巧競賽並計分，紀錄運動員的表現。
- 然後進行簡易的趣味技巧競賽，（2 名球員「與教練保持距離」）

調節活動：插隊、仰臥起坐、伏地挺身

10 分鐘	全體集合進行緩和伸展與獎勵：組成「贏家表揚圈」，每一位運動員都得到肯定，教練指出每一位運動員的一項值得肯定之處。

籃球第三週練習

建議最少進行 2 種練習（2 種都要重複並強化概念）

20 分鐘	暖身：慢跑（向前再向後、左右（防守滑步）） 運球、傳球、以及朝向球移動（兩人一組，從一端的邊線移動到另一端的邊線）。 再加上 5 分鐘的運球捉人遊戲：將運動員按照能力分組，每一組分配 1 名教練。視運動員的程度而定，安排 2 名運動員在中圈。2 名運動員各有一顆球，各自要開始運球，一邊運球，一邊要防範對手抄截。 伸展：小腿、腿後肌群、四頭肌、鼠蹊部、手臂
25 分鐘	技巧訓練（一顆籃球 1-2 位教練，每一站 5 分鐘，慢跑到下一站，運動員依照能力分組，力量與體型接近的分在同一組較為安全） • 籃板球：「去追球」，從滾球、彈球、抛球，以及投籃。教練延續上週的設定，從角落投籃。教練要想辦法抄截運動員手上的球，也要刻意碰觸運動員的身體，增加運動員的壓力。 • 投籃：以正確的投籃姿勢拿球（投籃手在上方，輔助手在旁邊），接到傳球、投籃、搶籃板，然後再短距離投籃。運動員在圈線排成一排，教練位於籃框下，與運動員一起排成一排。 • 2 對 1 教練：2 位進攻球員對抗 1 位扮演防守球員的教練，練習傳球、移動、籃板球，以及得分，教練不斷增強防守。運動員必須至少傳球 2 次，才能投籃。 • 3 對 3：繼續練習防守（走向球，腹部面向球／加上「關門」）。重點在於防守，在於以反應與移動擋下球。首先練習傳球，防守球員必須走向球，腹部面向球，然後再運球到空隙，防守方要「關門」，距離最近的防守球員要聚在一起，不讓進攻球員穿過空隙。防守方一旦拿到球，就要回傳給教練，兩組球隊的攻守角色也要互換。 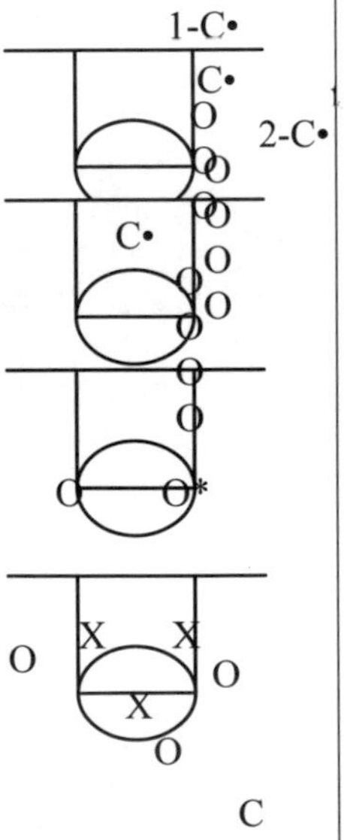

35 分鐘	5 對 5 球隊的球隊概念 • 複習沒有對手的「去追球」進攻以及 2 對 3 防守，先從半場跑到設定的位置，再從防守方跑到設定的位置，接著展開進攻。 • 接著進行 5-7 分鐘的教學賽。 • 繼續跳球以及籃框另一側的邊線出界。安排球員整隊練習罰球。

ISC（**個人技巧競賽）運動員的個人技巧訓練**：10 **公尺運球、目標傳球、定點投籃**

- 進行個人技巧競賽並計分，紀錄運動員的表現。
- 然後進行簡易的趣味技巧競賽（教練隊與運動員隊的 2 對 2）

10 分鐘	全體集合進行緩和伸展與獎勵。這個星期要確認競賽計畫（隊服、旅途的後勤、父母與教練的責任）。

籃球第四週練習

建議最少進行 2 種練習（2 種都要重複並強化概念）

20 分鐘	暖身：慢跑（向前再向後、左右（防守滑步）） 運球、傳球、以及朝向球移動（兩人一組，從一端的邊線移動到另一端的邊線）。 6 分鐘的運球捉人遊戲：將運動員分為四組，兩組的能力較低，另外兩組能力較高。能力較低的兩組在一邊的半場，能力較高的兩組在另一邊的半場。一場遊戲 3 分鐘。遊戲結束時，勝利的隊伍留在場上的球員人數較多。 伸展：小腿、腿後肌群、四頭肌、鼠蹊部、手臂

25 分鐘	技巧訓練（一顆籃球有一至兩位教練，每一站五分鐘，慢跑到下一站，運動員依照能力分組，力量與體型接近的分在同一組較為安全） • 籃板球：「去追球」，從滾球、彈球、拋球，以及投籃。教練延續上週的設定，從角落投籃。教練或是後方的運動員，要想辦法抄截拿球的運動員手上的球，也要刻意碰觸拿球運動員的身體，增加拿球運動員的壓力。 • 投籃：以正確的投籃姿勢拿球（投籃慣用手在上方，輔助手在旁邊），接到傳球、投籃、搶籃板，然後再短距離投籃。教練現在位於罰球線，從不同角度傳球。 • 3 對 1 教練：3 位進攻球員對抗 1 位扮演防守球員的教練，練習傳球、移動、籃板球，以及得分，教練不斷增強防守。運動員必須至少傳球 2 次，才能投籃。 • 3 對 3：繼續練習防守（走向球，腹部面向球，「關門」）。重點在於防守，在於以反應與移動擋下球。走向球，腹部面向球，進攻球員拉開空隙，防守球員要「關門」。防守方一旦拿到球，就回傳給教練，兩組球隊的攻守角色互換，繼續進行。 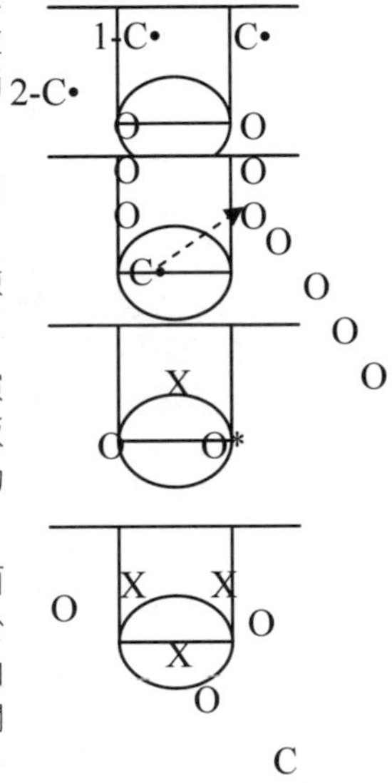
35 分鐘	5 對 5 球隊的球隊概念 • 繼續複習沒有對手的「去追球」進攻以及 2 對 3 防守，先從半場跑到設定的位置，再從防守方跑到設定的位置，接著展開進攻。 • 接著進行 5-7 分鐘的教學賽。 • 繼續跳球、邊線界外，以及罰球。加入端線界外，在己方籃下得分。

ISC（個人技巧競賽）運動員的個人技巧訓練：10 公尺運球、目標傳球、定點投籃

- 進行個人技巧競賽並計分，紀錄運動員的表現。
- 然後進行簡易的趣味技巧競賽，（教練隊與運動員隊的 2 對 2）

10 分鐘	全體集合進行緩和伸展與獎勵：組成「贏家表揚圈」，每一位運動員都得到肯定，教練指出每一位運動員的一項值得肯定之處。

籃球第五週練習

建議最少進行 2 種練習（2 種都要重複並強化概念）

20 分鐘	暖身：慢跑（向前再向後、左右（防守滑步）） 運球、傳球、以及朝向球移動（2 人一組，從一端的邊線移動到另一端的邊線）。 6 分鐘的運球捉人遊戲：將運動員分為 4 組，2 組的能力較低，另外 2 組能力較高。能力較低的兩組在一邊的半場，能力較高的兩組在另一邊的半場。一場遊戲三分鐘。遊戲結束時，勝利的隊伍留在場上的球員人數較多。 伸展：小腿、腿後肌群、四頭肌、鼠蹊部、手臂
25 分鐘	技巧訓練（一顆籃球有 1-2 位教練，每一站 5 分鐘，慢跑到下一站，運動員依照能力分組，力量與體型接近的分在同一組較為安全） • 籃板球：「去追球」，從滾球、彈球、拋球，以及投籃。然後進行「籃板球」：一次 2 名球員，教練負責投籃，2 名球員搶籃板。 • 投籃：以正確的投籃姿勢拿球，先在沒有阻礙的情況下投籃，再練習有阻礙的投籃。教練位於籃下，傳球給運動員，再雙手舉高或面向運動員，阻礙運動員投籃。 • 3 對教練加 1：3 位進攻球員對抗 1 位扮演防守球員的教練，以及教練的運動員隊友，練習傳球、移動、籃板球，以及得分，教練與運動員隊友不斷增強防守。 • 3 對 3：繼續練習防守（走向球，腹部面向球，「關門」）。重點在於防守，在於以反應與移動擋下球。首先以傳球開始，防守球員要走向球，腹部面向球。然後再運球到空隙，而距離最近的防守球員要聚在一起「關門」，不讓進攻球員穿過空隙。防守方一旦拿到球，就回傳給教練，兩隻球隊的攻守角色互換，繼續進行。 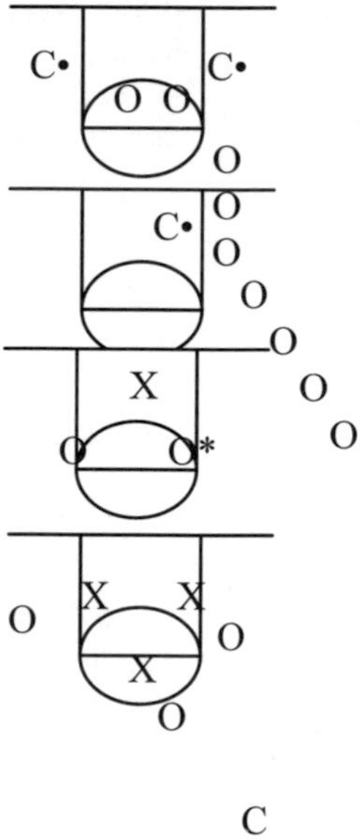
35 分鐘	5 對 5 球隊的球隊概念 • 繼續複習沒有對手的「去追球」進攻以及 2 對 3 防守，先從半場跑到設定的位置，再從防守方跑到設定的位置，接著展開進攻。 • 接著進行 5-7 分鐘的教學賽。 • 繼續跳球、邊線界外，以及罰球。加入端線界外，在己方籃下得分。

ISC（**個人技巧競賽**）**運動員的個人技巧訓練**：10 **公尺運球、目標傳球、定點投籃**

- 進行個人技巧競賽並計分，紀錄運動員的表現。
- 然後進行簡易的趣味技巧競賽，（運動員之間的 2 對 2）

10 分鐘	全體集合進行緩和伸展與獎勵。這個星期要確認競賽計畫（隊服、旅途的後勤、父母與教練的責任）。

籃球第六週練習

建議最少進行 2 種練習（2 種都要重複並強化概念）

25 分鐘	暖身：正式化的賽前暖身（慢跑，接著是 2 人一組運球與傳球） 伸展：小腿、腿後肌群、四頭肌、鼠蹊部、手臂 上籃（lay-up）與投籃（排成兩排：一排投籃，另一排搶籃板） 加入快攻訓練：教練長距離丟球，運動員奔跑，先抓住球（球還在彈跳中則不予運球），然後再運球上籃，拿到籃板球再傳給教練。回到球場重複一次，由新教練負責丟球
20 分鐘	技巧訓練（一顆籃球有 1-2 位教練，每一站 5 分鐘，慢跑到下一站，運動員依照能力分組，力量與體型接近的分在同一組較為安全） • 籃板球：「籃板球」，一次 2 名球員，教練負責投籃，2 名球員搶籃板。 • 投籃：「連珠砲投籃」，3 名球員為一組，使用 2 顆球。設置搶籃板球員、傳球球員，以及投籃球員。教練適時從旁提供協助。 • 3 對 3：防守對上進攻。防守球員走向球，腹部面向球，「關門」。進攻球員與隊友合作，藉由移動以拉開空隙，要搶籃板，也通曉禁區 3 秒規則。防守球員拿到球，回傳給教練，兩隊攻守互換。
35 分鐘	5 對 5 球隊的球隊概念 • 繼續複習沒有對手的「去追球」進攻以及 2 對 3 防守，先從半場跑到設定的位置，再從防守方跑到設定的位置，接著展開進攻。 • 進行 5-7 分鐘的教學賽。 • 繼續跳球、兩側邊線界外，以及罰球。兩側端線界外，在己方籃下得分。

ISC（個人技巧競賽）運動員的個人技巧訓練：10 公尺運球、目標傳球、定點投籃

- 進行個人技巧競賽並計分，紀錄運動員的表現。
- 然後進行簡易的趣味技巧競賽（3 對 3，兩隊各有 1 名教練與兩名運動員）

10 分鐘	全體集合進行緩和伸展與獎勵。這個星期要確認競賽計畫（隊服、旅途的後勤、父母與教練的責任）。

籃球第七週練習

建議最少進行兩種練習（兩種都要重複並強化概念）

25 分鐘	暖身：複習賽前暖身（慢跑，接著是 2 人一組運球與傳球） 伸展：小腿、腿後肌群、四頭肌、鼠蹊部、手臂 上籃與投籃（排成兩排：一排投籃，另一排搶籃板） 繼續快攻訓練：教練長距離丟球，運動員奔跑，先抓住球（球還在彈跳中則不予運球），然後再運球上籃，拿到籃板球再傳給教練。回到球場重複一次，由新教練負責丟球
20 分鐘	技巧訓練（一顆籃球有 1-2 位教練，每一站 5 分鐘，慢跑到下一站，運動員依照能力分組，力量與體型接近的分在同一組較為安全） • 籃板球：「籃板球」，一次 2 名球員，教練負責投籃，2 名球員搶籃板。 • 投籃：從另一邊「連珠砲投籃」，三名球員為一組，使用兩顆球。設置搶籃板球員、傳球球員，以及投籃球員。教練適時從旁提供協助。每 30 秒順時針方向輪替。 • 3 對 3：防守對上進攻。防守球員走向球，腹部面向球，「關門」。進攻球員與隊友合作，藉由移動以拉開空隙，要搶籃板，也通曉禁區 3 秒規則。防守球員拿到球，回傳給教練，兩隊攻守互換。 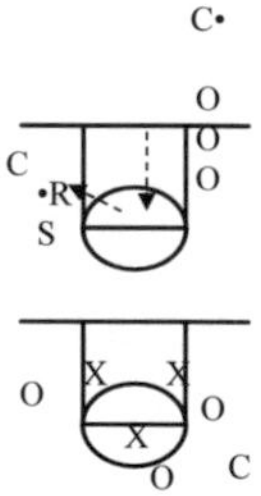
35 分鐘	5 對 5 球隊的球隊概念 • 繼續複習沒有對手的「去追球」進攻以及 2 對 3 防守，先從半場跑到設定的位置，再從防守方跑到設定的位置，接著展開進攻。 • 進行 5-7 分鐘的教學賽。 • 繼續跳球、球場兩側邊線界外，以及罰球。球場兩側端線界外，在己方籃下得分。

ISC（**個人技巧競賽）運動員的個人技巧訓練**

- 10 公尺運球、目標傳球、定點投籃
- 進行個人技巧競賽並計分，紀錄運動員的表現。
- 然後進行簡易的趣味技巧競賽（3 對 3，兩隊各有 1 名教練與 2 名運動員）

10 分鐘	全體集合進行緩和伸展與獎勵。這個星期要確認競賽計畫（隊服、旅途的後勤、父母與教練的責任）。

籃球第八週練習

建議最少進行 2 種練習（2 種都要重複並強化概念）

25 分鐘	暖身：複習賽前暖身（慢跑，接著是兩人一組運球與傳球） 伸展：小腿、腿後肌群、四頭肌、鼠蹊部、手臂 上籃與投籃（排成兩排：一排投籃，另一排搶籃板） 繼續快攻訓練：教練長距離丟球，運動員奔跑，先抓住球（球還在彈跳中則不予運球），然後再運球上籃，拿到籃板球再傳給教練。回到球場重複一次，由新教練負責丟球
20 分鐘	技巧訓練（一顆籃球有 1-2 位教練，每一站 5 分鐘，慢跑到下一站，運動員依照能力分組，力量與體型接近的分在同一組較為安全） • 籃板球：「籃板球」，一次 3 名球員，教練負責投籃，球員搶籃板。 • 投籃：從兩邊「連珠砲投籃」，四名球員為一組，使用兩顆球，兩名投籃球員。設置搶籃板球員、傳球球員，以及投籃球員。每 30 秒順時針方向輪替。 • 3 對 3：防守對上進攻。防守球員走向球，腹部面向球，「關門」。進攻球員與隊友合作，藉由移動以拉開空隙，要搶籃板，也通曉禁區 3 秒規則。防守球員拿到球，回傳給教練，兩隊攻守互換。
35 分鐘	5 對 5 球隊的球隊概念 • 進行 5-7 分鐘的教學賽。 • 繼續跳球、球場兩側邊線界外，以及罰球。球場兩側端線界外，在己方籃下得分。

ISC（**個人技巧競賽）運動員的個人技巧訓練**

- 10 公尺運球、目標傳球、定點投籃
- 進行個人技巧競賽並計分，紀錄運動員的表現。
- 然後進行簡易的趣味技巧競賽（運動員 3 對 3）

10 分鐘	全體集合進行緩和伸展與獎勵。這個星期要確認競賽計畫（隊服、旅途的後勤、父母與教練的責任）。

賽季前規劃

1. 參加特殊奧運訓練課程，提升你的籃球知識，同時了解如何指導智能障礙的運動員。
2. 尋找能符合你的運動員的需求的場地（學校、YMCA、教堂、運動場等等）。
3. 取得合用的設備。
4. 招募並訓練志工助理教練。
5. 安排人力接送運動員往返練習場地。
6. 在大型錦標賽，或是全國比賽之前，安排每週至少練習兩次，總共至少八週。
7. 在全國比賽登場之前，安排教學賽及對抗本地球隊的比賽。
8. 確認所有的運動員在第一次練習之前，均通過醫學檢查。
9. 取得醫療團隊與運動員父母的許可。
10. 擬定賽季的目標與計畫。

- 動員在第一場比賽之前，必須學會哪些技巧？
- 你要在何時傳授這些技巧？
- 你要如何協助他們培養技巧？

比賽概念培養時間表

下表是培養比賽概念的三年賽季計畫的範例。這份時間表曾用於培

養低能力運動員的比賽概念，成效不錯。X 代表在某一年傳授或再次強調的比賽概念。

概念	第一年	第二年	第三年
禁區三秒規則	X	X	X
下半場攻守換邊	X	X	X
簡易進攻	X	X	X
☐ 加入一個選項		X	X
☐ 加入兩個選項			X
簡易進攻（進攻與防守）	X	X	X
☐ 幫忙（關門）	X	X	X
☐ 盒子與追球者		X	X
☐ 球員對球員			X
快攻			X
界外球			
☐ 基本發界外球	X	X	X
☐ 邊線		X	X
☐ 底線		X	X
☐ 全場			X
罰球			
☐ 基本位置	X	X	X
☐ 抄截			X
跳球			

□ 基本方法（兩名球員）	X	X	X
□ 抄截			X
封阻			X

賽季中規劃

1. 使用技巧評估工具，確認每一位運動員的技巧等級，並記錄每一位運動員整個賽季的進步。
2. 評估球隊的能力：
- 幾位運動員有能力 1 對 1 ？
- 幾位運動員有能力與隊友合作（2 對 2）？
- 幾位運動員有能力跑動並控球（快攻）？
- 幾位運動員有能力半場或全場壓迫防守？
3. 擬定八週訓練計畫，例如先前建議的初始訓練計畫。
4. 依據需要達成的目標，規劃並調整每一堂訓練課。
5. 依據你的需求，設計並使用訓練：
- 訓練內容必須適合你的攻守系統。
- 要讓每個人都有事做。
- 要簡單而具體。
- 要強化正確的技巧。
- 訓練的時間要短，要密集（不短於 30 秒，不長於 10 分鐘）。
- 隨著球隊的球技進步，要增加熟悉的訓練的難度。
- 如果情況許可，可親身參與比賽的各種角色。
- 學習技巧的同時，也要重視調節。
- 包括進攻與防守（可以著重一方面，但不要忽略另一方面）。
6. 逐漸增加難度，以培養運動員的技巧。
- 展現技巧。
- 依據指定的次數展現技巧。

- 計算在指定時間內，展現技巧的次數。
- 要求在指定時間內，至少要展現技巧幾次。
- 加入對手與套路，但要著重技巧，也要確實執行規則。
- 展開球局，達成預定的目標（時間或頻率）。
- 加入更多球員（鼓勵競爭與合作）。
- 加入在球局中必須完成的條件。

7. 依據球員的準備程度與發展，傳授比賽概念，視需要調整訓練時程表。

確認練習時間表

場地經過確認與評估之後，你就能確認訓練與競賽時間表。務必發佈訓練與競賽時間表，並送交下列相關團體，可增強社會對你的特殊奧運籃球計畫的關注。

- 場地代表
- 本地特殊奧運計畫
- 志工教練
- 運動員
- 家屬
- 媒體
- 管理團隊成員
- 教練

訓練與競賽時間表應涵蓋下列資訊：

- 日期
- 開始與結束時間
- 登記或集合地點
- 場地的聯絡電話
- 教練的電話

規劃籃球訓練課程的必備內容

每一堂訓練課，都必須包含相同的必備內容。每一項訓練內容所需的時間，將取決於訓練課程的目標、賽季的時間，以及某一堂訓練課的時間長短。下列的內容是運動員日常訓練計畫的必備內容。請參閱每一個領域的相關章節所含的詳細資訊與解說。

暖身	25-30 分鐘
技巧培養訓練	15-20 分鐘
調節或體適能訓練	15-20 分鐘
緩和	15-20 分鐘

規劃訓練課程的最後一步，是決定運動員實際要扮演的角色。在規劃訓練課程的過程中，記得要逐步增加身體活動。

- 由簡單到困難
- 由慢到快
- 由已知到未知
- 由一般到特定
- 從開始到結束

練習計畫表範例

日期：＿＿＿＿＿＿＿＿ 地點：＿＿＿＿＿＿＿＿ 時間：＿＿＿＿＿＿＿＿

目標：＿＿＿＿＿＿＿＿＿＿＿＿＿＿＿＿＿＿＿＿＿＿＿＿

暖身：讓身體做好練習的準備

領導者	活動	設備

團隊訓話：讓運動員知道你對於練習有哪些要求

今天的目標	
先前的技巧課	
新技巧課	

技巧培養：強化學習的比賽與練習，內容要有趣

領導者	活動	設備

休息時間：提供飲水，將技巧納入教學賽

強化今天學習的技巧	

教學賽：著重上星期的技巧以及新技巧

先前的技巧課	
新技巧課	

團隊訓話：著重教學賽的新技巧與方法

教學賽第一課	
教學賽第二課	
複習上星期的技巧	
複習家庭作業	

由 The Coaching Corner TM 開發，網址：www.thecoachingcorner.com

有效訓練課程的原則

讓每一位運動員積極主動	運動員必須積極傾聽。
設定簡明扼要的目標	運動員知道必須達成哪些目標，學習效果會更好。
給予簡明扼要的教學	示範能提升教學的正確度。
記錄	你與你的運動員一起記錄練習成果。
給予正向意見	強調運動員良好的表現，並給予獎勵。
要有變化	練習的內容要有變化，以免運動員覺得無聊。
鼓勵享受	訓練與競爭是很有趣的，為了你自己，還有你的運動員，要讓訓練與競爭繼續有趣下去。
提升難度	資訊按照下列的方式調整，學習效果會更好： • 從已知到未知：成功發現新事物 • 從簡單到複雜：發現「我」做得到 • 從一般到特定：所以我才這麼努力
規劃將資源運用到極致	善用你擁有的資源，對於沒有的設備，也可以臨場發揮，要發揮創意思考。
要接納個人的差異	不同的運動員，不同的學習速度，不同的能力

訓練課程順利進行的訣竅

- □ 依據你的訓練計畫，分配助理教練的責任。
- □ 若情況許可，在運動員抵達之前，準備好所有設備與配置。
- □ 一一介紹教練與運動員。
- □ 與所有人一起檢視要進行的課程。排定的時程或活動如有變動，必須告知運動員。
- □ 依據天氣、場地，以及運動員的需求，調整計畫。
- □ 要在運動員覺得無聊，失去興趣之前，調整活動。
- □ 訓練與活動必須簡短，運動員才不會覺得無聊。要一直安排活動給大家做，哪怕是休息也可以。
- □ 練習結束後要有趣味與挑戰性兼具的團體活動，運動員在練習結束時才會有所期待。
- □ 活動要是進行得很順利，最好趁運動員興致很高的時候喊停。
- □ 總結整個訓練課程，宣布下個賽季的計畫。

訓練課程安全進行的訣竅

雖然籃球的風險很少，但教練有責任要讓運動員理解籃球的風險。運動員的安全與健康，是教練的首要考量。籃球並不是危險的運動，但教練要是忘記做好安全措施，意外就有可能發生。總教練必須負責提供安全的環境，將受傷的機率降到最低。

1. 在第一次練習就建立明確的行為規範，而且要確實執行。
2. 手不要亂放。
3. 要聽教練的話。
4. 聽見哨聲要停，看，聽。
5. 離開球場前要先徵求教練同意。
6. 要求運動員每次練習都要自備飲用水。
7. 檢查你的急救藥箱，適時補充藥品。
8. 知道練習期間距離最近的電話在哪裡。
9. 確認更衣室與洗手間在練習期間乾淨可用。
10. 安排所有運動員與教練學習急救程序。
11. 不要允許運動員穿戴手錶、手鐲或包括耳環在內的珠寶上場。
12. 在每次練習的開頭，暖身之後必須進行合適的伸展運動。
13. 安排能提升整體體適能的活動。體適能較佳的運動員受傷機率較小。
14. 場地必須安全。木板彎曲變形，或是地板上有洞，都要妥善修理，另外也要拿掉可能造成人員受傷的東西，例如牆上突出的物品等等。僅僅要求運動員避開障礙物是不夠的。
15. 在球場走一圈，確認球場的安全性。地板要乾淨，照明要充足，有需要的地方也都安裝了襯墊。球場不該有不必要的設備或障礙，也不該有鬆脫的物品。
16. 找到一個在練習期間，能存放籃球的安全區。安全區必須位於

球場旁或球場後至少兩公尺遠的地方。未經使用的籃球可放入球袋中，存放在安全區。

17. 檢查籃球是否適當充氣，有無脫皮。
18. 檢查籃框與籃網。
19. 鼓勵運動員在必要的時候，穿戴護膝、膝護架、下體護身、眼鏡束帶，以及護齒套。有些運動員需要額外保護。
20. 鼓勵運動員穿著舒適寬鬆的衣服，一雙或兩雙白色純棉或含棉的襪子，以及合腳且繫好鞋帶的球鞋。
21. 舉行分組競賽，或是 1 對 1、教學賽、迷你籃球賽等等，最好安排體型相當的運動員互相對抗。
22. 提供一對一教學，尤其是對於能力較低的運動員。
23. 每次練習與比賽至少要有兩位教練在場，以提供：

- 1 對 1 指導能力最低的運動員
- 1 對 2 指導能力較低的運動員
- 1 對 3 指導能力中等的運動員
- 1 對 4 指導能力較高的運動員

籃球練習賽

我們競爭得越多，技巧就會更厲害。競爭能激勵運動員、教練，以及全體運動管理團隊。要儘量把握競賽的機會。我們提出下列幾項建議：

1. 與鄰近的本地籃球訓練營一同舉辦籃球賽。
2. 詢問本地的高中，能否與你的球隊舉行籃球練習賽。
3. 加入本地的籃球聯賽、俱樂部或協會。
4. 在社區成立自己的籃球聯賽或俱樂部。
5. 在本地舉辦每週一次的籃球賽。
6. 在每一堂訓練課的結尾，進行競賽與教學賽。

訓練課範例

特殊奧運運動員通常比較適合簡單且有架構的例行訓練。有架構的例行訓練，對於特殊奧運運動員而言，會是一種正面的經驗，因為具有熟悉性、穩定度，以及一致性。此外，教練在抵達現場之前，若能先準備好有組織的計畫，就能將有限的時間，發揮最大的用途。總教練準備好有組織的計畫，與助理教練之間的合作與工作分配也能更順利。每次練習應包含下列內容：

☐ 暖身
☐ 伸展
☐ 先前教的技巧
☐ 新技巧
☐ 競賽體驗
☐ 體適能訓練
☐ 緩和
☐ 表現檢討

上列每個項目所需的時間，會因下列因素而調整：

1. 賽季階段：賽季初的技巧練習較多。相較之下，賽季中後期則是著重競賽。
2. 技巧等級：能力較低的運動員，需要加強練習先前所學的技巧。
3. 教練人數：在場的教練人數越多，優質的 1 對 1 教學越多，運動員的進步就越多。
4. 訓練時間的總長：相較於 90 分鐘的訓練課，2 小時的訓練課會有更多時間學習新技巧。

下一段會介紹我們推薦的 90 分鐘訓練計畫，以及教練的指導訣竅。

1. 暖身與伸展（20-25 分鐘）

☐ 提供安全的球場。

☐ 儘量提供每位運動員一顆籃球。

☐ 從隊呼開始。

☐ 儘量多多使用籃球。

☐ 提供步法活動。

☐ 伸展每一個肌群。

☐ 運動員學會例行動作之後，可安排運動員領導球隊伸展，教練則視需要個別指導。

2. 基本技巧（15-20 分鐘）

☐ 複習先前學的技巧。

☐ 介紹這一堂訓練課的新技巧主題。

☐ 以簡單、能吸引人的方式示範。

☐ 如有必要，以實際行動鼓勵並協助能力較低的運動員。

3. 競賽體驗（20-30 分鐘）

☐ 運動員接觸技巧後，藉由比賽學習技巧。比賽是最好的老師，因為比賽是運用技巧的機會。

☐ 迷你比賽（迷你籃球賽）能幫助運動員了解基本規則與比賽。

☐ 教學賽能讓運動員了解基本位置及比賽本身。

☐ 偶爾「暫停」比賽，強化正確的技巧。

☐ 必須強調且強化團隊合作與努力的重要性。

☐ 記得每次都要開放至少 10 分鐘的自由發揮時間，教練不給予任何指示，但還是會執行比賽規則。

4. 緩和與團隊訓話（5 分鐘）

☐ 緩慢地慢跑、走動與伸展。

☐ 在運動員進行緩和運動的同時，評論這一堂訓練課。

- ☐ 對於表現良好的運動員，要給予正增強（positive reinforcement）。肯定每一個人的貢獻。
- ☐ 最後以隊呼結束。

選擇球隊隊員

一支傳統特殊奧運或特殊奧運融合運動隊伍能成功的關鍵，在於隊員挑選得當。下列是挑選隊員的重要考量：

依照能力挑選

最成功的融合運動與傳統特殊奧運籃球隊，是所有隊員都擁有類似的運動技巧。在融合運動，某些隊員的能力若是遠遠超越隊友，可能會控制整個比賽，不然就是故意不發揮實力，遷就隊友。在這兩種情況，都無法達成互動與團隊合作的目標，運動員也無法擁有真正的競賽體驗。

依照年齡挑選

所有的隊員年齡都應該相近：

- 21 歲以下的運動員，年齡差距應在 3-5 歲之間
- 22 歲以上的運動員，年齡差距應在 10-15 歲之間

例如在籃球比賽，8 歲的運動員與 30 歲的運動員不應該是場上的對手或隊友。

為融合運動創造有意義的參與

融合運動遵循特殊奧運的哲學與原則。你選擇融合運動團隊的隊員，是希望在運動賽季從頭到尾，都能達成有意義的參與。融合運動團隊的組成，是要提供所有運動員與伙伴一個有意義的參與的機會。每一位隊員都要扮演角色，都應該有為團隊貢獻的機會。有意義的參與，也包括融合運動團隊內部的互動與競爭的品質。團隊的所有隊員若是都能有意義的參與，每一位隊員都會擁有正面且有益的經驗。

有意義的參與的指標

- 隊友的競爭，不會造成自己或他人無謂受傷的風險。
- 隊友的競爭會依照競賽的規則。
- 隊友有能力也有機會，為球隊的表現做出貢獻。
- 隊友知道如何將自己的技巧，融入其他運動員的技巧，進而提升能力較低的運動員的表現。

隊員出現下列狀況，就無法達成有意義的參與

- 運動技巧優於隊友。
- 變成球場上的教練，而不是隊友。
- 在比賽的關鍵時刻，控制競賽的大半局面。
- 不會定期參與訓練或練習，只在比賽當天出現。
- 為了避免傷害其他人或控制整場比賽，刻意隱藏實力。

籃球技巧評估

運動技巧評估表，是一個有系統的實用工具，能判斷運動員的技巧能力。籃球技巧評估卡（Basketball Skills Assessment Card）的作用，是協助教練在運動員開始參與之前，判斷運動員的籃球能力水準。這個工具對教練而言很實用，因為：

1. 能協助教練與運動員一起判斷要參與哪些項目。
2. 確認運動員的基本訓練內容。
3. 協助教練將能力相當的運動員，分配到同一個訓練隊伍。
4. 評估運動員的進步。
5. 協助規劃運動員的日常訓練時程

在評估運動員之前，教練必須觀察運動員，並進行下列分析：

- 熟悉列於每一項主要技巧之下的任務
- 想像每一項任務的實際情形
- 曾經觀察熟練該項技巧的人士展現這項技巧

教練進行評估，就更有機會從運動員身上得到最好的分析。首先一定要解釋你想觀察的技巧。若情況許可，也可親身示範這項技巧。

特殊奧運籃球技巧評估卡

運動員姓名：______________________ 日期：__________________

教練姓名：________________________ 日期：__________________

說明事項

1. 在訓練季或競賽季的初期，運用工具判斷運動員的初始技巧等級。
2. 請運動員數度展現技巧。
3. 運動員如果 5 次能有 3 次正確展現技巧，就在技巧旁邊的方格打勾，表示運動員已擁有該項技巧。
4. 將評估作業納入你的訓練計畫。
5. 運動員可以以任何順序培養技巧，具備了評估卡所列出的每一項技巧，就等於完成了評估卡

運球

☐ 以任何方式嘗試運球。

☐ 以任何方式至少連續運球 3 下。

☐ 站在定位，用一隻手連續運球超過 3 下。

☐ 站在定位，用另一隻手連續運球超過 3 下。

☐ 站著不動，先用一隻手，再用另一隻手，各自連續運球 3 下，中間沒有停頓。

☐ 一邊用一隻手運球，一邊向前走 10 步。

☐ 一邊用一隻手運球，一邊往前跑 20 步。

☐ 用任一隻手運球，身體朝任何方向移動（向前、向後，或向旁邊）。

傳球

☐ 嘗試傳球。

☐ 以任何方式，將球傳向任何方向。

☐ 以任何方式，將球傳向預定目標。

- □ 雙手胸前傳球至任何方向。
- □ 雙手胸前傳球至預定目標。
- □ 彈地傳球（bounce pass）至預定目標。
- □ 雙手過頂傳球至預定目標。
- □ 高吊傳球至預定目標。
- □ 棒球式長傳（baseball pass）至預定目標。
- □ 參與球隊的傳球訓練。

接球

- □ 以任何方式嘗試接球。
- □ 以任何方式接住籃球。
- □ 抱住彈地傳球。
- □ 僅用雙手接住彈地傳球。
- □ 抱住胸前傳球。
- □ 僅用雙手接住胸前傳球。
- □ 在移動中嘗試以任何方式接住傳球。
- □ 在移動中以任何方式接住傳球。
- □ 在移動中僅用雙手接住傳球。

投籃

- □ 嘗試對著籃框投籃。
- □ 單手遠射，打中籃板。
- □ 單手遠射，球進籃框。
- □ 上籃打中籃板。
- □ 上籃球進籃框。
- □ 跳投（jump shot）打中籃板。
- □ 跳投球進籃框。

搶籃板

- ☐ 嘗試以任何方式接住拋向空中的籃球。
- ☐ 接住拋向空中的籃球。
- ☐ 嘗試以任何方式接住從籃板彈回的籃球。
- ☐ 追蹤投向籃框的籃球。
- ☐ 轉身面向籃框，擺好搶籃板的姿勢。
- ☐ 以任何方式，接住從籃板彈回，在地上彈跳 1 次的籃球。
- ☐ 僅僅以雙手接住從籃板彈回，並在地上彈跳 1 次的籃球。
- ☐ 僅僅以雙手接住從籃板彈回，且還在空中的籃球。
- ☐ 參與球隊的搶籃板訓練。

團隊合作

- ☐ 嘗試參與團隊合作的技巧。
- ☐ 以任何方式參與團隊的進攻訓練。
- ☐ 以任何方式參與團隊的防守訓練。
- ☐ 展現出對球隊進攻的基本原則的知識。
- ☐ 展現出對球隊防守的基本原則的知識。

參與

- ☐ 嘗試參與籃球訓練計畫。
- ☐ 以任何方式參與籃球訓練計畫。
- ☐ 自行參與籃球訓練計畫。
- ☐ 一週至少有 3 天練習籃球技巧。
- ☐ 參與球隊活動。
- ☐ 展現出對於籃球基本規則的理解。

評估並為運動員挑選適合的項目

一定要鼓勵運動員，還要給予運動員機會，選擇適合的運動與項目。但最重要的還是每一位運動員的健康與安全。運動與運動項目應該帶給所有運動員安全、有意義，且具挑戰性的機會。舉例來說，如果運動員的人數夠多，對於無法走動的運動員而言，輪椅籃球是非常合適的運動。但倘若運動員的人數有限，無法進行完整的 5 打 5，教練就應該協助運動員參與社區的球賽。

輪椅籃球賽、半場 3 對 3 籃球賽、個人技巧賽、快速運球賽，及團隊技巧籃球賽，適合輪椅運動員。

輪椅籃球賽、個人技巧賽、快速運球賽，及團隊技巧籃球賽，適合身障運動員。

半場 3 對 3 籃球賽、個人技巧賽、快速運球，及團隊技巧籃球賽，適合視障運動員。

教練必須思考每一位運動員應該訓練的競賽項目。

快速運球賽	• 適合無法走動，技巧等級極低的運動員。
個人技巧競賽	• 適合反應非常慢，運球無法超過 10 公尺，連移動緩慢的球都無法移動身體接住，也不會積極參與的運動員。
團體技巧籃球賽	• 適合無法走動，技巧等級低，但能傳球也能接球的運動員。
3 對 3 籃球賽	• 適合至少能運球 10 公尺，也能傳球、接球、上籃、追逐移動中的球，以及能辨識隊友與對手的運動員。 • 也適合場地有限，比較適合半場比賽，或是比較習慣進行半場比賽的地方。
全場 5 對 5 籃球賽	• 適合擁有良好的基本技巧，通曉比賽的規則與基本戰術，以及有耐力的運動員。
融合運動籃球賽	• 適合技巧等級較高的運動員。

日常表現紀錄

日常表現紀錄的目的，是要協助教練翔實紀錄運動員在學習運動技巧期間的日常表現。教練使用日常表現紀錄有下列好處：

1. 紀錄是運動員進步軌跡的永久證明。
2. 教練可以根據紀錄，確保運動員的訓練計畫的連貫性。
3. 紀錄能讓教練在實際的教學與指導課程中，保持靈活的彈性，因為教練可以將技巧劃分為具體的小型任務，符合運動員的個別需求。
4. 教練可以依據紀錄，選擇適當的技巧教學法，以及評估運動員技巧的標準。

使用日常表現紀錄

教練要在日常表現紀錄的最上方，寫下教練自己的姓名、運動員的姓名，以及運動員正在培養的籃球技巧名稱。如果與這位運動員合作的教練不只一位，那教練的姓名後方應註明與該名運動員合作的日期。

在訓練課開始之前，教練要決定要培養哪些技巧，要依據運動員的年齡、興趣，以及身心能力，決定運動員適合學習的技巧。這項技巧就是運動員必須完成的某種運動。教練在左方欄位的第一條線寫下技巧。等到運動員學會一項技巧，教練再寫下另一項要學習的技巧。如果一份表格不夠寫，當然可以再加上另一份。如果運動員無法學會教練指定的技巧，教練亦可將技巧分解成小型的任務，方便運動員學習。

精通的條件與標準

教練寫下技巧之後，接下來必須決定運動員要符合哪些哪些條件與標準，才能算是精通這項技巧。所謂條件，意思是決定運動員以何種方式展現技巧的特殊情況。舉例來說，「由教練先行示範，有人從旁協助」。教練必須秉持一個想法，就是運動員最終必須符合「接獲命令即可自行完成」的條件，才算是精通一項技巧。因此教練不需要在紀錄表上，在技巧旁邊寫下這些條件。教練最好將技巧與條件妥善安排，讓運動員循序漸進學習，最終只要接獲命令，毋須他人協助即可自行完成。

所謂標準，意思是運動員必須展現的技巧程度。教練必須依據運動員的身心能力，訂出務實的標準。舉例來說，「連續 3 次罰球，命中率 60%」。每一種技巧並不相同，因此衡量的標準也不一樣，包括所用的時間、重複的次數、正確性、距離，或速度。

訓練課的日期及教學法的等級

教練可能會安排運動員花 2 天時間完成 1 項任務，而且在這 2 天內可能會使用幾種教學法，讓運動員進步到接獲命令即可自行完成的地步。為了提供運動員連貫的課程，教練必須記錄執行任務的日期，也必須記錄在這些日期所用的教學法。

籃球服

在任何運動，運動員要順利訓練與競賽，必須穿上合適的運動服裝。不合適的服裝與設備，會影響運動員行動與打比賽的能力。鞋子的鞋底會滑、不合腳，或是沒有繫好鞋帶，眼鏡沒有用束帶固定，或是配戴珠寶，不僅運動員本身會危險，對其他人也會危險。運動員身穿好看且合身的隊服與籃球鞋，能增添自信，更有團隊精神，場上的表現通常也會更好。

所有要上場競爭的運動員，都必須身穿合適的籃球服。身為教練，你要負責說明，哪些類型的運動服適合訓練與競賽，哪些又不適合。要說明穿著合身服裝的重要性，以及在訓練與競賽穿著某些服裝的利弊。舉例來說，無論在任何場合，都不適合穿著牛仔長褲與藍色牛仔短褲打籃球。要說明運動員穿上牛仔褲，行動會受到拘束，就無法拿出最佳的表現。帶著你的運動員去參觀高中或大學的籃球訓練課或籃球競賽，指出那些運動員所穿的服裝。你也可以以身作則，穿上合適的服裝參加訓練與競賽，對於沒有穿上合適的服裝參加訓練及競賽的運動員，則不給予獎勵。

上衣

練習用的上衣應該要類似T恤，或是無袖。上衣必須要輕盈、舒適，穿上之後肩膀也能自由活動。運動員上場競賽，應該穿著乾淨的隊服上衣（有袖或無袖），胸前與背後要有號碼。要注意號碼大小的相關規則。上衣應該要合身，而且要夠長，能塞進短褲。

短褲

短褲的材質必須輕盈，腰帶要有彈性，臀部與大腿要能行動自如。

襪子

襪子有各種長度與材質。運動員最好穿上 1-2 雙合腳的白色棉質或含棉襪，以免雙腳起水泡。

鞋子

鞋子是運動員的服裝中最重要的部分。鞋子一定要有好的鞋底，才能有摩擦力，而且必須緊密貼合運動員的腳踝，但腳趾部位要有足夠的空間，方能避免起水泡。最好穿著高筒球鞋，因為運動員的腳與腳踝能得到最好的支撐。優質的籃球鞋，要能提供足弓與足後跟堅固的支撐，鞋墊要提供緩衝。最好不要穿黑色鞋底的球鞋，因為在某些球場會留下痕跡。

護膝

護膝、護腕，以及眼鏡束帶，能提供額外的保護，也能避免運動員受傷。膝護架只要有足夠的覆蓋，也可使用。

暖身服

在籃球練習或比賽之前的暖身，需要穿著暖身服。練習或比賽結束之後，也要穿暖身服保暖。但在練習或比賽的時候，不應穿著暖身服，因為暖身服有額外的重量，而且會導致運動員大量出汗。重量適中的棉質運動衫搭配長褲，是很理想又便宜的暖身服。

頭帶

頭帶、橡皮筋或絲帶能發揮安全作用，因為運動員要避免頭髮遮住臉。根據規則，運動員不能配戴金屬夾與髮夾。

指導訣竅：

☐ 展示並討論打籃球能穿的幾種服裝。討論穿著合身服裝的重要性。

☐ 指出各種服裝的利弊。

☐ 帶著運動員觀賞籃球賽，指出場上運動員所穿的服裝。

☐ 跟運動員一起設計隊服。

籃球設備

運動員必須理解設備如何運作，又如何影響他們的表現。你向運動員展示每一個設備，也要請運動員說出設備的名稱與用途。

擁有合宜的設備，並且正確使用設備，對於安全及教學都很重要。教練必須定期檢查設備，同時要進行預防性保養，以確保安全。

練習、比賽，以及日常打球經常使用橡膠籃球。橡膠籃球特別適合戶外使用。室內競賽則是比較適合使用皮革籃球。籃球必須定期檢查，看看是否適度充氣，有無瑕疵。市面上可以買到正規的重量與大小（76 公分）或是少年版的大小（71 公分）的籃球。

每一位運動員都需要一顆籃球。運動員必須經常使用籃球練習，才能進步。此外，少年運動員與女性運動員應使用較小的籃球，比較方便運球、傳球、接球及投籃。運動員擁有籃球，也能維持良好的體能。

帶著小型的打氣筒，以及 1-2 根球針到訓練場地。萬一需要才不會沒得用。

務必準備教學賽用的背心，或特大號上衣，運動員才能區分隊友與對手。剛開始接觸特殊奧運的運動員，可能難以辨別隊友與對手，除非兩組球隊以色彩鮮豔的教學賽背心明顯區別。背心最好夠大，能直接套在身上，不需要繫在身上，穿脫才比較容易。材質要輕盈。最好有網格。

塑膠標記錐或標記塔很適合用來標示技巧評估區域，以及個人技巧競賽的場地。9 英寸的塑膠錐價格便宜又耐用，也比更大的標記錐容易使用。

粉筆是用來標示外面地上的區域，或在地上或黑板畫出球局的示意圖。遮蓋膠帶（masking tape）可用於標示地板上的特定區域，例如個人技巧競賽和技巧評估測驗。地板上的 X 代表球隊比賽中的防守位置。

哨聲不能代替口頭命令。但運動員聽見哨聲一定要回應，因為賽務人員會在比賽中使用哨聲。要告訴運動員，哨聲代表停，看，聽。哨聲也可幫助運動員養成快速行動的習慣。

附有訓練計劃的寫字夾板具有多種用途。訓練課程一旦開始，很容易忘記下一步應該做什麼。附有訓練計畫的寫字夾板是教練的好幫手，能幫助教練安排練習，與助理教練分享資訊，專注於任務，並監控進度。

指導訣竅：

☐ 教練應教導運動員適當保養籃球，例如籃球在戶外使用後應洗淨並擦乾。

☐ 不要踢籃球或坐在籃球上，要將籃球存放在乾燥安全的地方。

籃球教練指南

籃球指導技巧

目次

暖身

暖身時間是每次訓練課或比賽準備的開始。暖身是慢慢開始，按部就班擴及所有肌肉與身體部位，讓運動員做好訓練及比賽的準備。除了讓運動員做好心理準備外，熱身對身體也有幾項好處：

- ☐ 升高體溫
- ☐ 增加新陳代謝率
- ☐ 增加心跳和呼吸頻率
- ☐ 讓肌肉與神經系統做好運動的準備

熱身是依據接下來的活動所設計。熱身包括主動性活動，逐漸增強至較為劇烈的活動，以提升心率、呼吸率，及代謝率。熱身時間的總長，約為訓練時間的 1/3，而且緊接著就是訓練或比賽。熱身時間的順序與基本內容如下：

活動	目的	時間（最少）
有氧慢跑	提高肌肉溫度	3-5 分鐘
伸展	增加移動範圍	5-10 分鐘
依據項目設計的訓練	增強訓練或競賽所需的協調能力	5-10 分鐘

慢跑

慢跑是運動員例行熱身的第一步。 運動員緩慢慢跑 3-5 分鐘，開始提高肌肉的溫度。全身肌肉的血液會循環，因此肌肉有更大的伸展靈活度。慢跑應慢慢開始，逐漸加快速度直至完成，但在慢跑結束的時候，運動員所發揮的力量，連最大力量的 50%都不能超過。要記住，暖身階段唯一的目標，是促進血液循環。

伸展

伸展運動是熱身和運動員表現中最重要的部分。靈活度較高的肌肉，是更強壯，更健康的肌肉。強大而健康的肌肉對運動和活動的反應更好，並有助於防止受傷。 請參閱本節中的「伸展」，內有更多詳細資訊。

依據項目設計的訓練

訓練是從低級的能力開始，發展到中級，最後達到高級的學習過程。要鼓勵每位運動員提升到自己的最高水準。

運動員重複做一小部分必須展現的技巧，可強化動覺動作。而為了強化執行技巧的肌肉，往往必須擴大動作幅度。每次訓練課程都應指導運動員走過整個循序漸進的過程，以便運動員接觸比賽涵蓋的所有技巧。

籃球暖身活動

手臂畫圈

1. 將手臂向兩側伸至與肩同高的位置。
2. 向前旋轉，畫 15 個小圓圈。
3. 停下來，向後旋轉手臂，也畫 15 個小圓圈。

步法

1. 慢跑 2 分鐘。
2. 在球場上來回進行基本的步法技巧練習，例如敏捷步法活動（第 49 頁）。
3. 結合向前和向後跑、滑動、單腳跳、雙腳輪流跳、上下跳、切入、旋轉，再停止 2-3 分鐘。

運球

彎腰，抬起頭，用沒在運球的那隻手護球。

1. 用一隻手運球 10 次。
2. 換另一隻手運球 10 次。
3. 雙手交替（右左右左）運球 10 次。
4. 圍繞著兩條腿各運球 10 次（畫一個「8」）。

關鍵字

「抬起頭，護住球」

雙人傳球

兩人相距 2 公尺，只使用一顆球。

1. 來回傳球，練習正確姿勢（踏步與推進）。
2. 彈地傳球 10 次。
3. 空中傳球 10 次。

關鍵字

「踏步，推進」

投籃

每一位運動員有一顆籃球。

1. 以正確姿勢拿球。
2. 彎腰，將球舉高到頭頂上投出，也要在頭頂上完成順勢動作（Follow Through）。
3. 對著自己，或是對著搭檔或牆壁投 10 次。
4. 移到籃下，投出10個短的擦板球（bank shots）（在低位線內側）。

關鍵字

「順勢動作」

伸展

靈活度是運動員在訓練和比賽中展現最佳表現的主要因素。伸展能增強靈活度，也是熱身的重點。在訓練或比賽開始時，首先進行簡單的有氧慢跑，接下來即可伸展。

1. 首先簡單伸展直到緊繃，保持這個姿勢 15-30 秒，直到緊繃感降低。等到緊繃感減輕，再慢慢進一步伸展，直到再次感覺緊繃。保持這個新姿勢 15 秒。 每次伸展應在身體的每一側重複 4-5 次。
2. 伸展時一定要繼續呼吸。俯身伸展時要呼氣。伸展到極限，就要維持伸展的姿勢，同時繼續吸氣和呼氣。伸展運動應該是每個人日常生活的一部分。 每天固定做伸展運動具有以下效果：

- 增加肌腱單元的長度
- 增加關節活動範圍
- 減緩肌肉緊繃
- 培養身體意識
- 促進血液循環
- 讓你心情愉快

3. 有些運動員，例如患有唐氏症的運動員，可能會有肌肉張力低下的問題，因此會更為靈活。注意不要讓這些運動員伸展超過正常的安全範圍。對所有運動員來說，有幾種伸展運動是很危險的，絕不該成為安全伸展運動的一部分。不安全的伸展如下：

☐ 頸部向後彎。

☐ 軀幹向後彎。

最好改成「向右看，再向左看」

4. 伸展必須正確才有效。運動員要注意姿勢是否正確並對準。以小腿伸展運動為例，很多運動員沒有將腳往前朝向伸展的方向。

不正確

正確

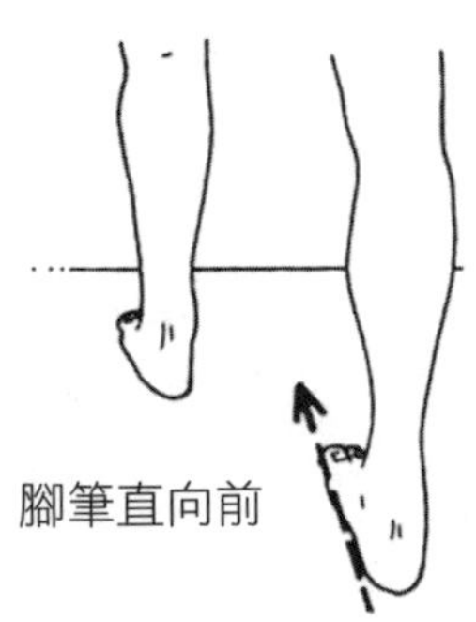

5. 運動員在伸展時常犯的另一個錯誤，是為了要讓臀部伸展得更好，而將背部彎曲，例如簡單坐著向前伸展腿。

不正確

正確

6. 你應該知道，很多伸展運動以及伸展運動的變化，都能實現你的目標，但我們會著重在強化主肌群（major muscle groups）的幾種基本伸展運動。我們也會提醒您做伸展運動時要繼續呼吸。我們將從身體的最上方開始，一直伸展到腿和腳。

上半身

擴胸

雙手在背後扣住
手掌朝內
雙手推向天空

三頭肌伸展

雙臂舉高越過頭頂
手伸向背部
輕拉彎曲的手肘

側臂伸展

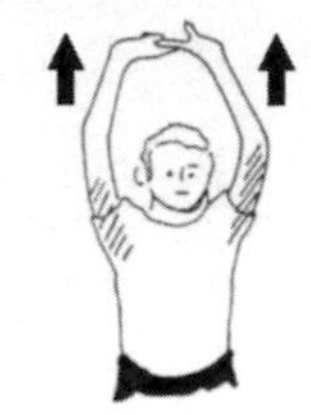

雙臂舉高越過頭頂
雙手扣住，手掌朝上
雙手推向天空

側向伸展

雙臂舉高越過頭頂
前臂扣緊
向一側彎曲

肩部三頭肌伸展

手握手肘
拉向另一側的肩膀

肩部三頭肌與頸部旋轉

手握手肘
拉向另一側的肩膀
頭轉向手肘的反方向

肩頸部伸展

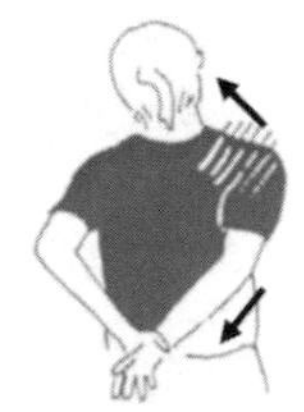

雙手放在背後
握住手腕，將手臂往下拉
脖子轉向另一邊

軀幹扭轉

背對牆站著
轉身，手掌貼向牆

前臂伸展

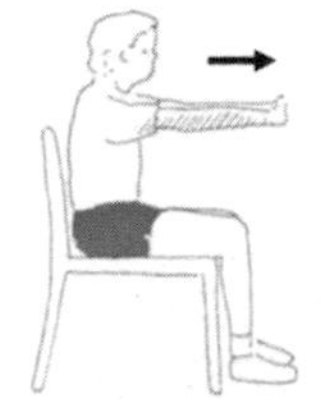

雙手在身前扣住
手掌朝外
向外推，遠離身體

胸部伸展

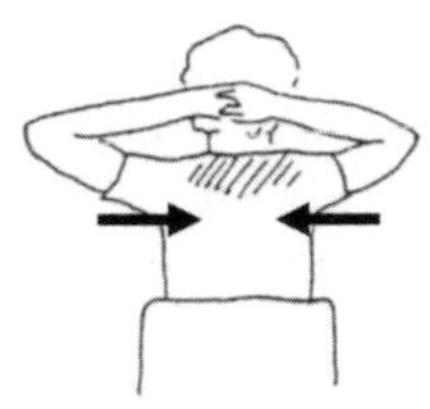

雙手在頸後扣住
手肘向後推

側面圖

下背部與臀肌

下背部傾斜

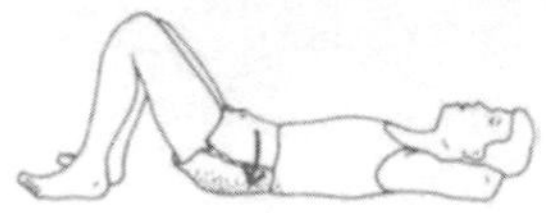

仰躺，膝蓋彎曲
一小部分的背部平貼地面

全身伸展

仰躺，雙腿伸直
雙腿與雙臂向外伸展

鼠蹊部伸展

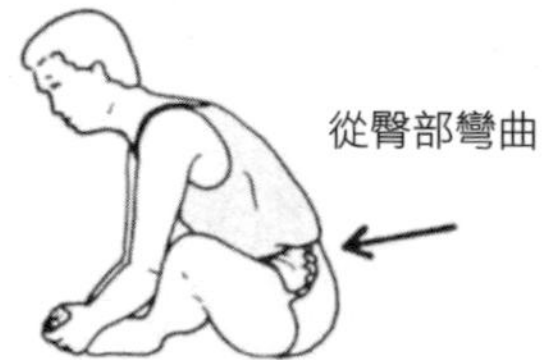

坐下，雙腳腳底互相碰觸
握住腳部或腳踝
從臀部一路向前彎

仰臥腿筋伸展

仰躺，雙腿伸直
一條腿抬向胸部，再換另一條腿
兩條腿抬向胸部

下半身

小腿伸展

小腿伸展與膝蓋彎曲

側腿筋扭轉

腳要記得放平

面向牆壁或籬笆站著
前腿稍微彎曲
後腿的腳踝彎曲

兩腿膝蓋彎曲，
以減輕壓力

坐下，一條腿跨在另一條腿的膝蓋上方
用不同側的手的手肘，推彎曲的腿
頭轉向另一邊

腿筋伸展

叉開兩腿坐姿伸展

吐氣

雙腿伸直靠住
雙腿不要扣在一起
臀部彎曲，往前伸向腳踝

隨著靈活度增加，往前伸向雙腳
推向腳跟，將腳趾扳向上方

叉開兩腿坐著，臀部彎曲
朝著兩腿中間往前傾
背部打直

跨欄伸展

臀部彎曲

無論你是否為跨欄運動員，前腿的正確位置都很重要。
腳擺放的位置，必須如同往前跑的時候。
腿伸直坐下，膝蓋彎曲，腳底接觸另一條腿的大腿
伸直的腿的腳趾朝向天空
彎曲臀部，輕鬆伸展

向上踏

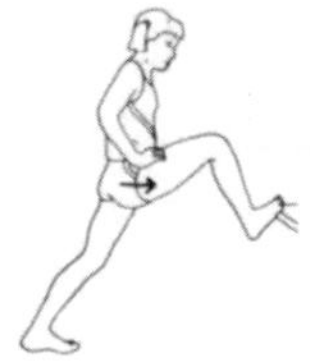

一條腿往上踏在支撐物上，腿部彎曲
臀部推向支撐物

站立腿筋伸展

一隻腳的腳跟放在支撐物上
胸部與肩部向上向前推

腳踝旋轉

坐著，握住腳與腳踝
以順時針及逆時針方向旋轉腳踝

伸展：快速參考指南

要在放鬆的狀態下開始

☐ 要等到運動員心情輕鬆，肌肉溫熱後再開始。

要有系統

☐ 從身體上方開始，再一路往下。

要從一般到特定

☐ 先從一般的運動開始，再進入專為項目設計的運動。

先進行簡單伸展，再進入發展型伸展

☐ 要慢慢循序漸進。

☐ 不要為了進一步伸展，就猛力推拉。

要有變化

☐ 伸展要有趣，要用不同的運動，鍛鍊相同的肌肉。

要自然呼吸

☐ 不要屏住呼吸，心情要平和放鬆。

要容忍每個人的差異

☐ 每一位運動員的起點與進步程度不同。

要定期伸展

☐ 每次都要做暖身與緩和。

☐ 在家裡也要伸展。

在籃球訓練加入增強式訓練

增強式訓練（Plyometrics）

詞性：名詞

定義：一種運動，使用具有爆發力的動作，提升肌肉力量，尤其是跳躍、單腳跳，以及上下跳

資 料 來 源：Webster's New Millennium ™ Dictionary of English, Preview Edition (v 0.9.6)

Copyright © 2003-2005 Lexico Publishing Group, LLC

增強式訓練對籃球員有益，能增強敏捷度、速度、垂直跳躍能力，以及一般的身體意識與控制。

1. 不需要特地安排進行增強式訓練的時間。對於籃球運動員而言，可以在暖身之後，訓練主體開始之前，進行增強式訓練。增強式訓練應著重於一整套完整且平穩的動作。預先伸展過的肌肉，能促進快速動作、機械效率（mechanical efficiency），以及協調。
2. 增強式訓練就像其他類型的訓練，是在賽季當中間歇進行。訓練的量與強度，在賽季當中會有所調整。一般而言，籃球員的訓練量會從少量調整到中等，訓練強度也會從低度到中等。
3. 在每一個賽季的開始，先以簡單的節奏訓練（rhythm drills），簡單介紹增強式訓練。等到你的運動員較為適應，體適能也有所提升，再逐漸增加訓練量與強度。
4. 等到運動員學會了基本節奏技巧，再慢慢加入力量訓練（power exercises）。籃球員會在節奏訓練之外，加入少量的力量訓練。
5. 賽季的競賽階段開始之後，增強式訓練要著重節奏與速度的發展。等到競賽的尖峰期開始，將增強式訓練減少至每週 1 次少量訓練，不過你的運動員仍可繼續在暖身中加入增強式訓練。在季

後賽開始前的 7-10 天，不要進行任何強烈的增強式訓練。

節奏訓練

節奏訓練能協助運動員藉由增強式訓練，增強力量。節奏訓練通常是安排在伸展與靈活度訓練之後，與仰臥起坐、猛衝之類的力量訓練一起進行。節奏訓練亦可增強運動員的整體體適能，促進某些肌肉的成長。

籃球訓練所使用的節奏訓練種類

1. 跳躍（簡單）
2. 跳躍（高）
3. 跳躍踢腿
4. 踢臀
5. 高抬腿

踢臀

踢臀是各種運動通用的訓練。在籃球訓練，踢臀是一種很好的訓練，能幫助運動員培養籃球場上經常起動、停下、旋轉，轉身所需的快縮肌（fast-twitch muscles）。

進行踢臀運動時，背部要打直，身體稍微前傾。身體前傾的方式很自然，就像運動員在跑步的時候一樣。

要記住，雙臂就是位置比較高的雙腿。要鼓勵你的運動員不斷努力，整個訓練過程都要激勵他們。

重點在於腳跟踢臀的速度要快，而不是在籃球場前進的速度要快。你甚至可以先安排你的運動員練習立定踢臀，等到他們熟練後，再開始移動。

籃球員的有氧運動能力

籃球運動需要長時間奔跑，因此你的運動員需要以有氧運動創造精力。籃球運動員雖然需要有氧運動能力，但並不需要成為長跑運動員。培養運動員的體適能要講究平衡。要設定標準，但終極目標是培養良好的籃球運動員與籃球隊，不要把體適能看得比終極目標還重要。體能良好，球技精湛的球隊，比體能良好，球技欠缺的球隊強大多了。有氧運動主要有 3 大益處：

1. 培養良好的心血管能力，增強肌肉與肌腱。
2. 運動員能以穩定的速度奔跑，不會產生　氧債（oxygen debt），也不會過度疲勞，無法恢復。
3. 運動員短程衝刺後可迅速恢復，在比賽中會更有效率。

有氧運動能力最好在賽季前訓練的過程中養成。但如果你的無法規劃在賽季前進行有氧訓練，也可以將體適能運動與活動，納入你的每週訓練課，例如穩定速度跑、球技訓練，或體適能循環訓練。有關整體體適能的詳細資訊，請參閱一般指導章節的「運動員營養、體適能，及安全」。

有氧運動的範例

穩定速度跑

穩定速度跑是以緩慢的速度，連續長程奔跑。穩定速度跑可維持 20-30 分鐘。你可以增添一些變化，安排你的運動員在奔跑途中帶球穿過角錐　，或是繞過板凳或防守球員。也可以鼓勵運動員自己在家裡，跟親朋好友一起跑。很多家庭會很樂意跟兄弟姊妹或朋友一起定期慢跑。

籃球員的無氧運動能力

籃球運動需要有氧和無氧能力。在比賽中，籃球員必須能夠奮力衝刺，快速恢復，然後再次奮力衝刺。你的運動員具備了基本的有氧體適能，就可以開始無氧訓練，因為隨著有氧運動能力增加，恢復能力也會增加。在籃球運動，對無氧運動速度的需求較短。這裡的重點是，運動員是否有能力在多次爆發速度之後，迅速恢復。

無氧運動的範例

法特萊克跑

法特萊克跑又稱變速跑，是籃球訓練的另一個利器，因為非常類似在比賽過程中的跑法，也就是速度會有變化。法特萊克跑可以輕鬆納入訓練當中。運動員可以繞著球場邊緣慢跑，在球場的一側慢跑，在另一側衝刺跑。也可以調整強度，增添變化，例如在球場兩側慢跑，然後在一側奔跑，或次在兩側奔跑，然後在一側慢跑等等。你可以依據你的運動員的體適能與能力等級，混合慢跑與衝刺跑。

還有一種變化，是安排球隊排成縱隊，繞著球場外側慢跑。一聽到哨聲，縱隊後段的運動員衝刺跑向前方。你也可以增加吹哨的頻率，控制整個速度，或是直接告知後方的跑者，他的前方的跑者何時抵達隊伍前方，讓隊伍自行控制速度。

折返跑

折返跑是籃球訓練的主要內容。折返跑其實是重複或間歇的跑動，經常變換方向。 你可以調整下列的折返跑範例，以滿足你的運動員的需求。設計折返跑運動，記得要考量基本因素：運動員的能力及體適能水準。

1. 跑到罰球線再折返。

2. 跑到半場再折返。

3. 跑到另外半場的罰球線再折返。

4. 跑到另外半場的底線再折返。

5. 重複三至四次。

籃球員的力量訓練

力量訓練對籃球員很重要。速度、活動力、耐力這些基本元素，是肌肉力量的展現。根據美國總統的體適能與運動學會（President's Council on Physical Fitness and Sports），絕對肌耐力與運動能力的提升，與個人的肌力直接相關。

籃球運動的力量訓練，通常有兩個日的：

1. 提升全身力量。

2. 培養肌肉平衡，防止運動員受傷。

籃球運動需要大量的無氧力量，而無氧力量與肌力直接相關。因此，擁有強大的肌力，就更能應付挑戰，而不會極度疲勞，也不需要更長的恢復時間。力量訓練可提高運動員快速奔跑並產生無氧力量的能力。籃球員必須要能快速奔跑，有時要跑得非常快。

下列的基本力量訓練可以在重量訓練室以外的地方完成，也能輕鬆納入運動員的居家訓練計劃中。有關循環與體適能訓練的詳細資訊，請參閱一般指導章節的「運動員營養、安全及體適能」。

力量訓練的範例

1. 慢跑暖身
2. 伏地挺身
3. 衝刺
4. 仰臥起坐：腹部捲起
5. 丟藥球（medicine-ball，有關丟藥球練習的介紹，請見「運動員營養、安全及體適能」）

- 頭頂拋球
- 向前拋球
- 側向拋球
- 手臂伸直向前拋球給搭檔

伏地挺身

伏地挺身：挺身動作

□ 要確認你的運動員在一開始的動作，雙臂完全伸展，背部挺直。壓縮腹部肌肉能讓背部保持挺直。

伏地挺身：伏地動作

□ 運動員伏地的時候，手肘要與肩膀平行。

伏地挺身加上拍手

□ 在伏地挺身運動加上拍手動作，可增添變化與強度。運動員努力鍛鍊的同時，也能自我考驗，互相考驗，還能享受樂趣。

衝刺

呈 90 度角，大腿與地面平行。

伏地挺身：伏地動作

仰臥起坐

仰臥起坐：雙手放在頸後
（起坐位置）

伏地挺身：伏地動作

- □ 運動員起身的時候，會擠壓腹部，運用手肘的力量向上拉。下一次我們要將手肘打直放在身體兩側，與地面平行。

- □ 運動員將雙手交叉搭肩，可減輕頸部的壓力。只要擠壓腹部，就能達成同樣的效果：腹部的肌肉會更強壯。

個人籃球技巧競賽

個人技巧競賽（ISC）的項目包括 10 公尺運球、目標傳球，以及定點投籃。個人技巧競賽是專為尚未具備所需的技巧，無法有意義地參與團體籃球的能力較低的運動員所設計。個人技巧競賽並不是已經參與團體戰的運動員額外的贏取獎牌的機會。在每一個項目，運動員要在沒有防守壓迫的情況下，展現技巧。

運動員的準備程度

- ☐ 運動員能運球。
- ☐ 運動員能將球傳到目標。
- ☐ 運動員能接球。
- ☐ 運動員能將球投進正規高度的籃框。

10 公尺運球

在 10 公尺運球項目，運動員必須單手運球 10 公尺（32 英尺又 10 英寸）。運動員越過終點線之後，必須接住球。

10 公尺運球教學

折返跑是籃球訓練的主要內容。折返跑其實是重複或間歇的跑動，經常變換方向。 你可以調整下列的折返跑範例，以滿足你的運動員的需求。設計折返跑運動，記得要考量基本因素：運動員的能力及體適能水準。

1. 在運球時，複習正確運球姿勢與運球技巧（球位於身體側面）。
2. 指示運動員一邊繼續運球，一邊往前走。教練走在運動員身旁，在必要的時候口頭鼓勵，也以口頭與肢體動作提示。
3. 玩「跟隨領袖」的遊戲：運動員跟在教練身後，運球 10 公尺。鼓勵運動員將球壓低，靠近自己，頭要抬高。
4. 舉辦「10 公尺運球」比賽。跟運動員一起，在比賽用的走道從頭到尾走一遍。

5. 要求運動員在比賽用走道的範圍之內運球，從起點一直到終點，教練一直走在旁邊。要訓練運動員運球不能超出規定的範圍之外，而且越過終點線之後必須接住球。
6. 教練現在站在終點線後方，鼓勵位於起點線的運動員運球走向教練。
7. 舉辦「10 公尺運球」比賽。教練站在一側，計算運動員從起點運球到終點所花費的時間。要訓練運動員運球不能超出規定範圍之外，而且越過終點線之後必須接住球。
8. 逐漸不再提示運動員。

定點投籃

在定點投籃項目，運動員從 6 個指定位置投籃 2 次。其中 3 個指定位置位於籃框左側，另外 3 個位於籃框右側（基本上就是罰球時，球員站立的「走道」四周）。運動員投籃打中籃網、籃板、籃框邊緣，或是投進籃框，都能得分。

立定投籃教學

1. 以正確的投籃姿勢拿球：雙手立定投籃，或單手投籃。
2. 運動員以正確的姿勢複習投籃，先投向自己，再投向教練。教練要以肢體動作，指導運動員手部與身體的姿勢。要練習投五球。
3. 在第 1 個指定位置就位，這是在籃框前方側邊，距離最短的 2 次投籃的其中 1 次。運動員彎曲雙膝，用雙腿的力量伸展，將球投出。要將籃板的小方框上方的角落，當成投籃的目標。要習慣以雙腿出力，投籃要瞄準籃板的角落。
4. 等到運動員投籃的力量與能力有所提升，就逐漸改換定點。運動員只要投籃打中籃網、籃框邊緣或籃板，就算成功。要把投籃得分變成一件很好玩的事情。要常常擊掌慶賀。
5. 進行「立定投籃」比賽。
6. 逐漸不再提示運動員。

關鍵字

* 彎曲與延伸

* 雙腿出力

* 投向籃框

目標傳球

在目標傳球訓練，運動員必須傳球到2.4公尺（7英尺）以外的目標。計分是依據傳球的準確度，以及接球或捕球的準確度而定。

目標傳球教學

1. 以正確的手勢拿球（慣用手在球的上方，輔助手在球的側面）。如有必要，教練也可用肢體動作給予提示。
2. 將球往前帶向牆壁（如同運球）。運動員實際上是對著牆壁彈地傳球。教練一開始會接住從牆上彈回的球。
3. 運動員持續彈地傳球給牆壁，但會多走 1 步，增加傳球的力量。手要舉高，眼睛要專心看球。傳球的手的手掌，就是接球的目標。
4. 組織「目標傳球」，在牆上增加目標。走 1 步，並將球推傳給目標（位於方格之內），而不是往地上推傳。走 1 步，並伸向方格。教練仍然拿著從牆面彈回的球。
5. 為了練習接球，安排運動員轉身，不再面對牆壁。以肢體動作提示運動員正確的接球姿勢，傳球的手的手掌面向教練，手指朝上，形成 1 個目標。另一隻手位於一側，手指指向旁邊，只有拇指朝上。接住 1 個彈地傳球，要「觸摸球」、「收球」或「放鬆並給予」。
6. 回到牆邊。運動員朝著牆面上的目標傳球，每次 1 顆。鼓勵運動員接住從牆面彈回的球，或是捕捉彈在身上或地上的球。
7. 逐漸減少給予運動員的提示。

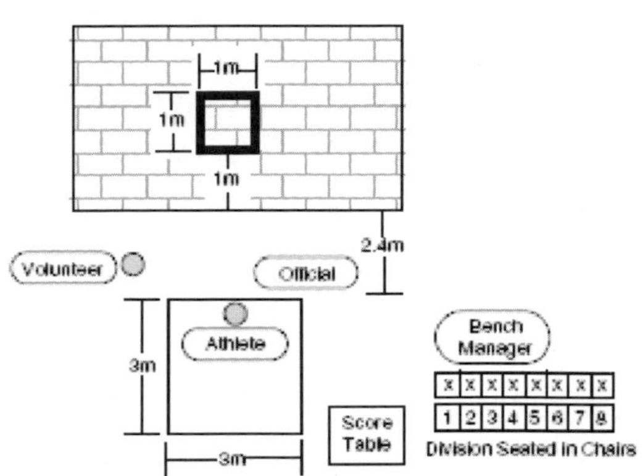

關鍵字

＊ 走一步並伸向方格

＊ 放鬆與給予

＊ 眼睛要專注看球

＊ 看著球進入你的雙手

指導訣竅

☐ 在每次練習，要花時間練習每一個項目。運動員在每一個項目的精熟程度可能不同。

☐ 隨著運動員的技巧提升，教練可逐漸減少提示，但還是要繼續強化學習效果，並給予肯定。

☐ 在賽季的各階段舉辦模擬賽，並記錄運動員的得分，以評估進步程度。

☐ 將這些分數寫在體育館的大型圖表上，好讓運動員看見自己的進步。

運球

運球是運動員必須學會的最基本的技巧。不僅要學會如何妥善運球，也要知道什麼時候該運球，什麼時候又不該運球。要提升運球與處理球的能力，就要儘量找機會練習運球，而且要練習兩隻手運球。

技巧養成：運球

您的運動員可以	從未	偶爾	經常
以任何方式嘗試運球。	☐	☐	☐
以任何方式至少連續運球 3 下。	☐	☐	☐
站在定位，用一隻手連續運球超過 3 下。	☐	☐	☐
站在定位，用另一隻手連續運球超過 3 下。	☐	☐	☐
站著不動，先用一隻手，再用另一隻手，各自連續運球 3 下，中間沒有停頓。	☐	☐	☐
一邊用 1 隻手運球，一邊向前走 10 步。	☐	☐	☐
一邊用 1 隻手運球，一邊往前跑 20 步。	☐	☐	☐
用任 1 隻手運球，身體朝任何方向移動（向前、向後，或向旁邊）。	☐	☐	☐
用任 1 隻手運球，身體朝任何方向移動，一邊護球，不讓防守球員搶走。	☐	☐	☐
總結			

指導運球

關鍵字

＊ 感覺到球

＊ 頭抬高

＊ 護球

技巧養成：運球

錯誤	糾正	訓練／測試參考
運動員將球推得太遠，手碰不到彈起的球，無法繼續運球。	從定點運球開始，學會控制球的彈起，手要拍到球。	原地運球。
運動員拍打彈起到最高的球。	記得手要放低，要感覺從地上彈起的球。	教練輔助的原地運球。教練可模擬籃球的彈起，讓運動員感覺碰到球再推，而不是把球再拍下去。
運動員在運球時看著球。	頭保持抬高，偶爾看著籃框邊緣。	指示運動員專心看著自己面前牆上的 1 個點。
運動員沒有「護球」。	練習身體要持續位於籃球與防守球員之間。	運球同時護球。
運動員運球次數過多。	練習將彈到腰際的籃球往外推，再追著球跑。	「運球同時移動」或「運球與滑動」。
運動員的前腳失去平衡，導致旋轉的軸心腳走步。	停下來之前要先單腳跳，落地時雙腳要與肩同寬，頭要抬高。	練習兔跳！
運動員運球太高或太寬，變換方向時無法控制球。	練習運球要維持在膝蓋的高度，首先原地運球，然後再移動，變換方向。	運球與滑動。

教練的籃球訣竅：總結

練習的訣竅

1. 指示運動員將手放在你的手上，感受運球的節奏。首先使用引導發現法（guided discovey）。要讓運動員感受到球的圓度、凹點，以及重量。請運動員形容籃球的感覺。
2. 指示運動員讓籃球落下再接住，再將籃球放在地上，運球的手放在籃球上方，另一隻手放在籃球的一側，幾乎位於籃球的下方。運動員以這種姿勢拿起籃球，就處於正確的運球姿勢，可以開始或繼續運球。
3. 在運球的過程中，籃球彈起的高度越低，就越容易控制。運球 3 次之後，再將球拿起來。
4. 強化雙手、頭部，以及身體的正確姿勢。
5. 兩隻手分開練習運球，舉辦迷你比賽，看看運動員能否連續運球 15 秒、30 秒、45 秒，以及 60 秒。

運球訓練

下列訓練適合運球經驗較少，用平坦的手面或手掌運球，或是使用雙手運球的能力較低的運動員：

關鍵字

＊ 感覺到球

＊ 頭抬高

＊ 護球

原地運球

站在定位，或隨著球一起移動皆可。

重複：兩手各運球 10 下為 1 組，共 3 組。

訓練目的

＊ 培養運球的能力與信心。

＊ 教導運動員運球之後一旦將球拿起，就必須傳球。

步驟

1. 先用 1 隻手運球，右手運球的時候大聲數到 10，再換左手運球，也數到 10。
2. 運動員若是必須雙手抓住球才能控制球，就必須將球傳給教練或另一位球員（可避免「兩次運球」犯規）。
3. 教練或另一位球員再將球回傳給運動員，再次開始運球。
4. 也可以安排幾位運動員圍成 1 圈。運動員每次用兩隻手完成 10 次運球，或是必須以雙手抓住球才能控制球，就要將球傳給圓圈的另一位球員。

多重位置原地運球

先是站著，再換成跪著，最後是坐著進行。

重複：在每一個位置，以單手運球 10 下為 1 組，左右手各進行 3 組。

訓練目的

＊ 培養運球的能力與信心。

＊ 培養一邊運球一邊換手的能力。

步驟

1. 先用右手運球，大聲數到 10 之後換左手運球，同樣數到 10。
2. 跪在地上繼續運球（右手數到十，再換成左手數到十）。
3. 從跪在地上改成坐在地上，再次以兩隻手輪流運球，同樣數到 10。

運球同時前進

重複：從近端底線運球到遠端底線，再折返，共來回 2 次。

訓練目的

＊ 培養一邊移動，一邊控球與護球的能力。

＊ 運動員的信心提升，就能加快運球速度，並學習阻運（stopping）技巧。

步驟

1. 站在定位，運球 3 下。
2. 將球稍微往前推，同時往前走。
3. 頭與眼睛都要往前看，不要往下看。
3. 逐漸加快速度，增加將籃球往前推的力度。

換手 5-4-3-2-1 運球

重複：以下方所示的 5-4-3-2-1 運球為 1 組，共 3 組。

訓練目的

＊ 練習換手運球。

＊ 培養換手運球的身體與籃球的意識。

步驟

1. 站在定位，運球 5 下。
2. 讓球在身體前方彈起，再彈到另一隻手。
3. 另一隻手運球 5 下。
4. 將球彈回原來的那隻手，雙手各運球 4 下，不要暫停。
5. 重複這個模式，每次兩手的運球次數各減少 1 次。
6. 熟練了以後，你可以要求運動員將流程顛倒過來，逐漸增加兩手各自運球的次數，重回 5 次。

運球與滑動

重複：每次練習 30-60 秒，共練習 2-3 回合。

訓練目的

＊ 練習運球與刻意移動球。

＊ 練習在運球的時候要注意看其他球員，而不是注意看球。

步驟

1. 每一位球員拿著籃球，排成 1 排，球員之間隔著一段距離，但每一位球員都能看見教練。
2. 球員開始在原地運球。
3. 教練現在運用手勢（想像空服員在飛機上以手勢示意緊急出口的位置），指示球員向左，向右，向後，以及向前移動。
4. 要增添樂趣，也可試試斜線或蜿蜒的路線，手勢也可以很好玩！
5. 要確認運動員的步法正確，膝蓋保持彎曲，頭始終抬高。

迷你籃球賽：運球捉人遊戲

重複：每次練習進行 2-3 回合

訓練目的

＊ 練習運球與護球。

＊ 練習以正當方式抄截對手的球。

步驟

1. 將運動員分組，不得少於 2 組，每組 2 名運動員。
2. 每一位球員都有一顆球，身穿教學賽用的背心，以供辨識之用。
3. 球場大小取決於團體的規模與能力等級。能力等級越低，運動員人數越少。如果有兩名運動員，亦可使用跳球圈。若有 4-6 位運動員，可使用三分投籃區與底線之間的區域。
4. 教練示意運動員開始運球。每一位運動員必須讓球保持彈跳，並護好球，同時輕輕把對手的籃球推走，或是推離三分投籃區與底線之間的區域。
5. 如果任何一位運動員停止運球，或是籃球出界，就算出局。
6. 若有犯規行為，持球的運動員可以留下來繼續遊戲，對手則是出局。
7. 玩 1-2 分鐘的運球捉人遊戲。
8. 等到遊戲結束，有最多運動員在三分投籃區內運球的一隊勝出。
9. 也可推出三戰兩勝制度，拉高競爭的強度。

熱鍋運球

重複：沿著球場的長度來回 2 次，分別在罰球線（的頂端）、中線、底線停止。

訓練目的

＊ 練習從快速運球轉換至原地運球。

＊ 練習保持平衡，組織假動作或運球後傳球。

步驟

1. 從底線開始，快速運球至第 1 條罰球線。
2. 到了罰球線，停止跑動，繼續運球。
3. 在停止點停下，雙腳開始在原地快速上下移動（彷彿站在熱鍋上）。
4. 持續這個動作 10 秒，前往中線，重複 1 次。
5. 在另一條罰球線重複 1 次，然後在遠端的底線再重複 1 次。
6. 轉身，在回來的路上重複剛才的步驟。

運球同時護球

重複：與教練合作，2-3 回合

訓練目的

＊ 練習運球與護球。

＊ 練習在移動的同時，不讓對手搶走球。

步驟

1. 運動員與教練或教練的助理 1 對 1 合作。
2. 運動員在原地開始運球。
3. 教練把未護好的球搶走，示範我們要避免的狀況。
4. 教練指示運動員，身體要位於籃球與防守球員之間，同時一條手臂要彎曲，加強護球。
5. 教練四處走動，運動員繼續運球。教練要確認運動員的身體也會移動，且始終位於籃球與教練之間。
6. 最後教練指示運動員前後移動，或左右移動，同時繼續護球。

傳球

技巧養成：傳球

您的運動員可以	從未	偶爾	經常
嘗試運球。	□	□	□
以任何方式，將球傳向任何方向。	□	□	□
以任何方式，將球傳向預定目標。	□	□	□
雙手胸前傳球至任何方向。	□	□	□
雙手胸前傳球至預定目標。	□	□	□
彈地傳球（bounce pass）至預定目標。	□	□	□
雙手過頂傳球至預定目標。	□	□	□
高吊傳球至預定目標。	□	□	□
棒球式長傳（baseball pass）至預定目標。	□	□	□
參與球隊的傳球訓練。	□	□	□
總結			

錯誤改正表：傳球

錯誤	糾正	訓練／測試參考
胸前傳球的力量太小。	首先手肘要靠近身體，以手腕及手指推動籃球。	目標傳球。
彈地傳球太高太慢。	一開始籃球應位於你的腰際，彈地傳球的目標應更靠近你的隊友。	將「目標傳球」調整為「彈地傳球」。目標可以在地上，藉由彈地傳球抵達，也可以在牆上，以目標傳球抵達。
頭頂傳球的力道太小。	確認在一開始的時候，籃球是位於你的頭部上方，而不是後方。	壓迫傳球。
傳球偏離目標。	傳球結束後，兩隻手的第一根與第二根手指，皆應指向目標或傳球的對象。	目標傳球。

教練的籃球訣竅：總結

練習的訣竅

1. 站在能力較低的運動員身後以給予協助。把你的手放在運動員的手上，引導運動員完成胸前傳球。
2. 在牆上標出一個目標，指示運動員胸前傳球給目標。隨著運動員的技巧提升，逐漸拉開運動員與牆壁之間的距離。再進階到從同一個地點開始，指示運動員胸前傳球到放置在不同地點，高度與距離各異的目標。
3. 示範在中途點之前彈地，彈地到中途點，以及過了中途點很遠之後仍在彈地的傳球。
4. 給運動員機會，試試彈地長傳及彈地短傳給站在不同距離的隊友。
5. 鼓勵運動員參與「輕拍」或純粹「接住」籃球的遊戲，練習處理球的技巧。
6. 鼓勵運動員的家人在練習的空檔，在家中玩傳球遊戲。

傳球與接球訓練

對於能力較低、其它障礙，或是怕球的運動員，建議從下列訓練開始。

關鍵字

＊ 看：對著開著的門傳球

＊ 踏步與推動

＊ 要有目標

＊ 要移動身體到球的後方

＊ 放鬆與給予

＊ 護球

目標傳球（這是個人技巧競賽，但也可以當成一種訓練）

在目標傳球訓練，運動員傳球至 2.4 公尺（7 英尺）以外的目標。運動員的得分，是依據傳球以及接球或捕球的準確度計算。

指導目標傳球

1. 以正確的手勢拿球（慣用手（dominant hand）在球的上方，輔助手在球的側面）。如有必要，教練也可用肢體動作給予提示。
2. 將球往前帶向牆壁（如同運球）。運動員實際上是對著牆壁彈地傳球。教練一開始會接住從牆上彈回的球。
3. 運動員持續彈地傳球給牆壁，但會多走 1 步，增加傳球的力量。手要舉高，眼睛要專心看球。傳球的手的手掌，就是接球的目標。
4. 組織「目標傳球」，在牆上增加目標。走 1 步，並將球推傳（push pass）給目標（位於方格之內），而不是往地上推傳。走 1 步，並伸向方格。教練仍然拿著從牆面彈回的球。
5. 為了練習接球，安排運動員轉身，不再面對牆壁。以肢體動作提示運動員正確的接球姿勢，傳球的手的手掌面向教練，手指朝

上，形成 1 個目標。另一隻手位於一側，手指指向旁邊，只有拇指朝上。接住一個彈地傳球，要「觸摸球」、「收球」或「放鬆並給予」。

6. 回到牆邊。運動員朝著牆面上的目標傳球，每次 1 顆。鼓勵運動員接住從牆面彈回的球，或是捕捉彈在身上或地上的球。
7. 逐漸減少給予運動員的提示。

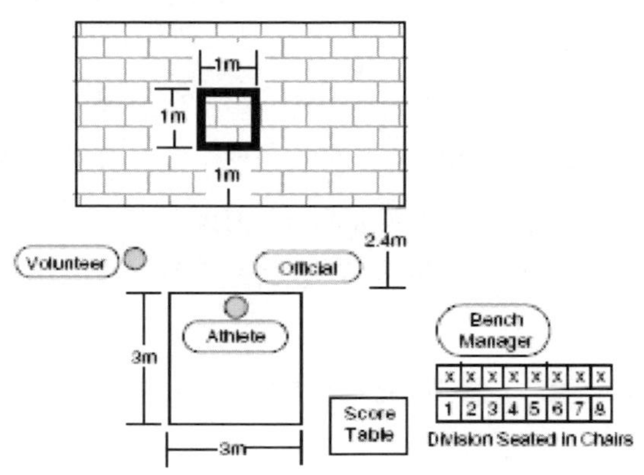

關鍵字

＊ 走一步並伸向方格

＊ 放鬆與給予

接到球

重複：每一位運動員在線的前方有 3 次機會

訓練目的

＊ 培養視覺追蹤的能力。

＊ 教導「朝著球移動」。

步驟

1. 教練將能力相近的運動員分為 1 組，組數與教練或助理的人數相同。
2. 每一組的運動員排成一排。
3. 教練指示隊伍的第 1 位運動員「要有目標」，而且要準備移動。
4. 教練滾地傳球或彈地傳球至運動員的左方或右方。
5. 運動員移動至球的後方，接住球，回傳給教練，再回到自己的位置。
6. 重複這個訓練，每一位運動員練習 3-5 次，再前往隊伍末端。
7. 重點在於移動與追蹤。
8. 每一位運動員的個人目標，是接到球的次數超越上次練習。

關鍵字

＊ 移動到球的後方

＊ 去拿球

＊ 要有目標

壓迫傳球（保持距離）

這個訓練適合中上能力的運動員，能移動至球的後方，也能接球傳球。

重複：進行 1-2 分鐘的比賽為 1 回合，共 3 回合

訓練目的

＊ 培養快速傳球的能力，避免遭到抄截。

＊ 教導球員要移動身體，製造傳球的空檔。

步驟

1. 教練將運動員分為 2 人 1 組。
2. 同一組的 2 人站在罰球區的兩側，面向彼此。
3. 練習以各種傳球方式，傳球並接球：胸前傳球與單手地板傳球，加上單手與肩上傳球。
4. 每組各加上 1 名防守球員。
5. 一名隊友與防守球員開始對抗。
6. 控球的運動員要尋找「開著的門」，將球傳給隊友。
7. 如果傳球沒有偏斜，也沒有遭到抄截，防守球員就要轉向防守現在控球的運動員。
8. 防守球員若是成功抄截，或讓球的方向偏斜，就會轉為隊友傳球員。
9. 傳球被打偏或抄截的運動員，會成為下一位進攻隊友。
10. 訓練持續 1-2 分鐘。

關鍵字

＊ 尋找開著的門

＊ 要有目標

＊ 要移動身體到球的後方

迷你籃球賽：二打一（後場）

重點在於傳球與接球，以及移動以拉開空檔。投籃並不是重點。隨著運動員的技巧提升，防守球員抄截之後，可以嘗試得分。進攻方則是想辦法拿回球及防守。這項訓練如今已成為一種過渡訓練，也是一種技巧訓練。

重複：1 回合，每支球隊掌握球權 2-3 次。

訓練目的

＊ 培養對抗防守球員的團隊合作與移動能力。

＊ 教導如何移動球過場。

步驟

1. 教練將運動員按照能力分為 2 人 1 隊（每隊有 1 位較強的運動員，以及 1 位較弱的運動員）。
2. 2 名進攻球員與 2 名防守球員位於端線。
3. 教練站在他們身旁，將球交給進攻方（甲隊）。
4. 目標是進攻方要帶著球抵達中線，不能被抄截，也不能失誤。
5. 另外 2 名運動員（乙隊）的其中 1 名成為防守球員，站在場上 2 名進攻球員之間。
6. 球員帶球推進，教練要跟隨在後，必要時要以口頭或肢體動作給予提示。
7. 防守方一旦抄截成功，教練就叫運動員的名字，運動員就將球丟給教練。
8. 計算傳球成功的次數。
9. 每一隊會掌握球權 2-3 次。
10. 傳球成功次數最多的球隊勝出。
11. 輪換的順序是防守、下場休息、進攻、防守等等。

迷你籃球賽：2 打 2（後場）

上述的訓練如果改成後場的 2 打 2，難度會更高。進攻方的移動必須更有效，才能拉開空檔，也才能帶球推進。。隨著運動員的技巧提升，防守球員抄截之後，可以嘗試得分。進攻方則是想辦法拿回球及防守。這項訓練如今已成為一種過渡訓練，也是一種技巧訓練。

步驟

1. 兩名防守球員在中線，位於進攻球員之間。
2. 依照上述方式訓練。

雙人傳球

重複：每次 30 秒，共 3 次

訓練目的

＊ 培養準確且迅速的傳球能力。

＊ 教導團隊合作。

步驟

1. 將運動員分為 2 隊，能力相當的運動員要分在同一隊。
2. 1 位運動員拿球，與 1 位夥伴之間隔著固定距離。
3. 第 1 位運動員以胸前傳球的方式，將球傳給夥伴。
4. 第 2 位運動員站上前來接住傳球，立刻回傳給夥伴。
5. 第 1 位運動員站上前來接住傳球，再以彈地傳球的方式，回傳給夥伴。
6. 只要運動員能持續傳球，同時變換傳球的方式（彈地傳球、胸前傳球、過頂傳球、單手傳球），就可以一直重複下去。

快閃雙人傳球

重複：每次 30 秒，共 3 次

訓練目的

* 培養準確且迅速的傳球能力。
* 教導運動員將球傳出後要往外移動，而且要往內移動以接住傳球。
* 培養正確的步法，以滑步進入或離開戰局。
* 教導團隊合作。

步驟

1. 將運動員分為 2 人 1 隊，球技相當的運動員分在一隊。
2. 一位運動員拿球，站在牆壁的固定距離之外（建議距離為 9-12 英尺）。
3. 另一位運動員緊跟在第 1 位的後方。
4. 第 1 位運動員胸前傳球至牆壁，再立刻滑步向右。
5. 第 2 位運動員走上前，接住傳球，立刻回傳給牆壁，再滑步向左。
6. 第 1 位運動員滑步回到中間，接住傳球，回傳給牆壁，再滑步向左。
7. 只要運動員能持續傳球，且每一次傳球之後都能變換滑步方向（先右後左），就可以一直重複下去。

指導雙手彈地傳球

1. 雙手握住籃球，舉到胸部的高度，且位於下巴下方。
2. 雙手置於籃球的兩側，手指朝向傳球的目標，兩手拇指位於籃球後方。
3. 一隻腳朝著傳球目標往前走。
4. 雙手手肘伸直，用力將籃球推向地上的定點。這個定點是運動員與傳球目標之間的中點。
5. 雙手猛然向前推，將球推出，同時手掌朝外，拇指指向地板。
6. 朝向定點完成順勢動作，追蹤球飛向傳球目標。

關鍵字

＊ 踏步與推進

＊ 順勢動作

指導訣竅

□ 對於能力較低的運動員，要在面向彼此的 2 名運動員之間的中點，在地板上做記號。指示傳球的球員瞄準這個記號，球就會彈高到另 1 名運動員的胸部高度。

指導雙手彈地傳球

1. 雙手拿球，高舉過頭。
2. 朝著傳球目標往前走。
3. 前臂往前移動，將球對著目標傳出。
4. 雙手與雙臂猛然向前推動，將球推出。
5. 完成順勢動作，雙手手掌朝外，雙手拇指指向下方。

關鍵字

＊ 踏步與推進

＊ 順勢動作

指導訣竅

□ 要解釋這種傳球是用於受到對手壓迫，要從對手的頭上傳球出去。要安排運動員練習傳球越過對手的頭上，而這位對手站在運動員前方，雙臂與雙手舉高。

指導單手彈地傳球

1. 以運球的姿勢拿球，一隻手位於球的上方，另一隻手位於球的一側。
2. 將球拿起，置於身體的一側。
3. 傳球的手的手肘放在臀部附近，傳球的手位於球的後方。
4. 朝著傳球目標往前走。
5. 傳球的手猛然朝向目標推動，將球推出。

關鍵字

＊ 踏步與推進

＊ 手在後面

＊ 開門

＊ 順勢動作

指導訣竅

☐ 要解釋這種傳球是用於受到對手壓迫，要從對手的身旁傳球出去。運動員的身體稍微偏離防守球員，以身體護球，同時另一條手臂的手肘外伸，也能護球。運動員尋找「開著的門」，找到了就傳球出去。

☐ 傳球的方式可以是空中傳球或彈地傳球。

接球

接球顯然也是傳球技巧的一部分（如果沒接到球，就不算傳球成功！），但下列的訣竅要教你如何將接球技巧予以分解，以利教學。

您的運動員可以	從未	偶爾	經常
以任何方式嘗試接球。	□	□	□
以任何方式接住籃球。	□	□	□
抱住彈地傳球。	□	□	□
僅用雙手接住彈地傳球。	□	□	□
抱住胸前傳球。	□	□	□
僅用雙手接住胸前傳球。	□	□	□
在移動中嘗試以任何方式接住傳球。	□	□	□
在移動中以任何方式接住傳球。	□	□	□
在移動中僅用雙手接住傳球。	□	□	□
總結			

指導接球

關鍵字

* 站在球後方。
* 要有目標。
* 接住蛋。
* 拿球要放鬆並給出。

指導訣竅

對於能力較低、其它障礙，或是怕球的運動員，建議按照下列順序進行訓練：

- ☐ 首先短距離彈地傳球給運動員。亦可使用較軟的球。
- ☐ 要想辦法讓運動員移動他們的雙腳，走到迎面而來的球的後方。運動員可以用雙臂將球抱在胸前。逐步訓練到能只以雙手接住球。然後再接住空中傳球。
- ☐ 有些運動員因為受限障礙的關係，可能無法接住空中傳球。如果運動員的視野狹窄，或身材極為矮小，最好地板傳球或滾球傳球給他們。
- ☐ 無論傳球的高度有多高，接球者的雙手都應該與傳球等高，雙手手掌向前。

關鍵字

* 看見球
* 滑步

投籃

投籃是籃球最重要的技巧。要贏得比賽，就必須得分。其他所有的技巧，都是球隊拿到球，安排球員就得分位置的工具。你的運動員要是具備自信、準確的投籃能力，在球場上就會銳不可當！

您的運動員可以	從未	偶爾	經常
嘗試以任何方式投籃。	☐	☐	☐
單手立定投籃，打中籃板。	☐	☐	☐
單手立定投籃，球進籃框。	☐	☐	☐
上籃打中籃板。	☐	☐	☐
上籃球進籃框。	☐	☐	☐
跳投（jump shot）打中籃板。	☐	☐	☐
跳投球進籃框。	☐	☐	☐
總結			

錯誤改正表：投籃

錯誤	糾正	訓練／測試參考
運動員的技術正確，但投籃還是不準。	看著運動員的眼睛，確認運動員在投籃時，眼睛始終看著目標。	連珠砲投籃，並強調投籃之前要「看見籃框」。
運動員的膝蓋屈曲時，球也會放低，導致投籃動作的時間變長，也更容易被封阻。	提醒運動員球要拿高，投籃時身體放低再拉高的過程中，只有雙腿移動。	投向自己。
運動員在投籃的最後階段跳起，身體失去平衡，導致投籃失準。	安排運動員練習在地板上的同一個位置跳起並落地。	跳投訓練。
投出的球低於籃框。	確認運動員運用腿的力量啟動投籃，並完成順勢動作。	先用較矮的籃框訓練，再逐漸增加高度。
運動員接到傳球之後太慢投籃。	安排運動員練習以投籃姿勢（雙膝彎曲）接到傳球，並立刻投籃。	連珠砲投籃。

教練的籃球訣竅：總結

練習的訣竅

1. 運動員一定要感覺到投籃的力量來自腿部。投籃動作是從膝蓋開始，接下來是手肘、手腕與手指。教練可能需要以肢體動作提示，協助運動員準備投籃以及實際投籃。手放在球上的位置一定要正確。
2. 年紀較輕的運動員，可練習投向夥伴、投向牆上的目標，或投向較矮的籃框。示範如何讓投出的球有弧度。將投籃的手的手肘抬高，球就更有可能進籃框。要告訴運動員，最好能使用籃板。籃板能減弱投籃的力道，也能允許更大的誤差幅度。
3. 要親身示範上籃，再安排運動員練習無球上籃，運動員要面向籃框，但要保持一段距離。練習單腳跳起，雙腳落地。要假裝投籃與落地給運動員看，仔細說明每個步驟。
4. 拿球練習整個過程，再練習實際上籃。亦可以雙腳跳起上籃。
5. 練習無球且無跳起的投籃動作。接下來練習有跳起，但無球的投籃動作。最後加入籃球，完成跳投。
6. 使用可調整高度，且附有籃板的籃框，培養運動員對自身投籃能力的信心。提醒運動員要抬高手肘，投出的球才會有弧度，才更有可能投進籃框。
7. 設置 1 道假想的牆（懸掛 1 條毯子，或設置 1 位雙手舉高的對手）。運動員必須跳得比牆高，才能看見籃框，也才能投籃。在靠近籃框的地方練習跳投與擦板球，逐漸拉長與籃框的距離，並練習只瞄準籃框邊緣。

投籃訓練

下列的訓練適合年輕、矮小，以及初學者球員。

關鍵字

＊ 彎曲與伸展

＊ 順勢動作（鵝頸）

射向自己／射向牆壁／射向伙伴

重複：3 組，每組投向自己與投向牆壁各 10 次。

訓練目的：熟習每次投籃使用全身由下而上的技巧。首先以平衡的姿勢開始，然後雙膝彎曲，流暢的動作向上延伸到背部、雙肩及投籃的手臂，最後讓球滾離指尖，以投籃的手完成順勢動作。

步驟

1. 專注在正確的姿勢，而不是籃框。
2. 雙手以正確投籃姿勢持球，將球舉高到面前。
3. 從頭部上方將球投出，雙腿要先彎曲，再伸展。
4. 雙膝、手肘、手腕與手接連伸展。
5. 完成順勢動作。
6. 投向自己 10 次，再投向牆壁或夥伴 10 次。
7. 強調正確的姿勢。

指導單手立定投籃

1. 以穩健的運球控球。
2. 將球拿高到投籃位置。投籃手位於籃球的後方稍低的位置。非投籃手位於籃球的側面。雙手的拇指朝上且分開。
3. 面向籃框，視線越過籃球上方，專注看著目標。
4. 與投籃手同一側的腿要稍微往前。
5. 膝蓋彎曲、手肘抬起，投籃手伸向籃框。
6. 投籃手猛然朝下，讓球滾離指尖，往上飛並旋轉，完成投籃。
7. 在這個順勢動作當中，手與手臂要形成鵝頸形狀。

關鍵字

＊ 高

＊ 看見籃球上方的籃框

＊ 順勢動作（鵝頸）

指導上籃打中籃板

1. 以右手投籃的球員，應面向籃板前方，站在籃框邊緣右方的 2 步之外。
2. 將球拿到胸部的高度，擺出正確投籃姿勢。
3. 視線越過籃球上方，看著目標。右手投籃的球員，應注意看著籃板的方塊的右上角。
4. 右腳往前走，左腳再跟進。
5. 與投籃手同一側的膝蓋抬高，將籃球舉高至額頭。
6. 以左腳的力量，推進身體朝向籃框。
7. 輕輕將籃球拋向籃板的方塊的右上角。
8. 在籃板之下雙腳著地。

關鍵字

＊ 輕輕將籃球拋向籃板

指導訣竅

☐ 對於能力較低的運動員，雙腳起跳前先踏 1 步，能發揮更大的力量，身體控制也會更理想。用紅色膠帶標出籃板方框的左上角與右上角。左手投籃的運動員，會從左邊靠近籃框。他們會先踏出左腳，再踏出右腳，左膝與球抬高，準備投籃。等到運動員掌握了動作與投籃，再練習行走運球上籃、跑步運球上籃，以及接到傳球上籃。

指導跳投

1. 以正確的姿勢拿球（投籃的手位於籃球後方稍低的位置，非投籃的手位於籃球的一側，支撐籃球）。
2. 面向籃框，專心看著籃框。
3. 膝蓋稍微彎曲。
4. 將籃球高舉到額頭上方（投籃手這一側的頭），雙腿伸直，雙腳用力跳起。
5. 將球投向籃框，非投籃手離開球面（手肘、手腕，以及手以有節奏的順序伸展）。
6. 雙腳著地，看著球飛向籃框。

關鍵字

＊ 彎曲與伸展

＊ 伸向籃框

＊ 跳起 - 投籃

先以較低的籃框投籃，再以正規籃框投籃

能力中上的運動員，亦即能移動到球的後方，也能接球與傳球的球員，可以進行這項訓練。隨著運動員的技巧提升，教練也可增加要求：

☐ 教練替運動員將籃球放在地上。運動員拿起籃球，與投籃手同一側的腿放在籃球下方，將籃球舉高到面前投籃。

☐ 教練將彈地傳球給運動員。運動員走 1 步將球接住，與投籃手同一側的腿放在籃球下方，將籃球舉高到面前投籃。

☐ 教練胸前傳球給運動員，運動員走 1 步將球接住，與投籃手同一側的腿放在籃球下方，將籃球舉高到面前投籃。

☐ 教練以各種方式傳球給運動員，運動員走 1 步將球接住，與投籃手同一側的腿放在籃球下方，將籃球舉高到面前投籃。

重複：隊伍中每一位運動員投籃 3 次，整個隊伍輪流 3 次。

訓練目的

＊ 藉由重複練習，提升投籃技巧。

＊ 改善投籃速度。

步驟

1. 安排 2-4 名運動員，在籃框的一側排成 1 排。
2. 將籃球交給第 1 位運動員，要確認運動員持球的手勢正確。
3. 運動員將球舉高到面前投籃。
4. 每一位運動員投籃 2-3 次，再走到隊伍末端。
5. 排隊等待的運動員每人拿著假想的球，模仿射手的動作。

連珠砲投籃

對於有投籃能力的運動員，可以運用下列的訓練，增加移動量。要確認運動員在投籃之前，確實會轉身面向籃框。轉身的時候，運動員將籃球高舉到面前，呈現正確的投籃姿勢。這項訓練在任何地點皆可進行。舉例來說，運動員若是在籃框前方投籃，傳球者就在籃框旁邊。搶籃板的球員永遠在籃下。搶籃板的球員不見得一定要由教練擔任。進行球隊訓練，可以安排運動員在各位置輪換，例如投籃再到搶籃板再到傳球再到投籃等等。

步驟

1. 1 位運動員（投籃者）位於籃框的一側，在他自己的投籃射程範圍內，與籃框保持 1-2 公尺的距離，面向籃框。
2. 另一名運動員（傳球者）位於罰球線的中間，或三秒區的頂端。
3. 教練或另一名運動員位於籃框下方，背對籃框（搶籃板者）。
4. 搶籃板者與傳球者各有 1 顆籃球。
5. 傳球者彈地傳球給投籃者。
6. 傳球者一旦將球傳出，搶籃板者就喊傳球者的名字，並傳球給傳球者。

7. 投籃者投籃，搶籃板者搶籃板。
8. 搶籃板者只負責搶籃板，只有傳球者傳球給投籃者，投籃者繼續投籃 30-45 秒。
9. 時間結束後，運動員轉換到三角陣型中的下一個位置。
10. 計算每人投籃的次數，記錄下來。

關鍵字

＊ 看見籃框
＊ 下與上
＊ 順勢動作（鵝頸）
＊ 踏步與推動
＊ 傳球給目標
＊ 彈地傳球

雙球上籃

能力較高的運動員可擔任搶籃板球員。這種搶籃板姿勢需要運動員專注在籃球上，朝向籃球移動，辨識無球的低位，以及將注意力從投出的球移開，再拿一顆球。

重複：每位運動員在 30 秒之內嘗試 2 或 3 次（視能力與興趣而定）

訓練目的

＊ 迅速就投籃位置，擺好投籃姿勢。
＊ 練習立定投籃。

步驟

1. 2 顆籃球放在地上，1 個低位放 1 顆。
2. 教練或能力較高的運動員在籃下搶籃板，背對籃框。
3. 投籃者站在禁區內側，彎腰拿起一顆籃球，舉高到投籃位置，將球投出。
4. 投出籃球之後，投籃者跑到禁區的另一邊，拿起另一顆籃球，轉

身面向籃框，將球舉高到投籃位置投出。

5. 搶籃板者追逐每一個投出的籃球，並搶籃板，將搶到的球放在無球的低位上。
6. 繼續訓練，投籃者在兩邊移動並投籃，持續 30-60 秒。
7. 計算投籃次數，並記錄個人進步程度的比較。

迷你籃球賽：受到壓迫的投籃

這是球隊對抗防守球員的訓練。壓迫程度視每一位運動員的能力而定。教練或志工，會比另一名運動員更適合。何況教練也不希望訓練內容與自己所教的背道而馳。例如球員不可能傳球之後又去防守另一名隊友。教練亦可變換自己在場上的投籃位置。

重複：每位個 3-4 人的隊伍各輪換 3 次，每次 60 秒。

訓練目的

＊ 提升越過防守球員投籃的信心

＊ 提升投籃的速度

步驟

1. 每個籃框各有 2-3 名能力相當的運動員。
2. 1 位運動員是投籃者，站在籃框前的一側，位於投籃射程範圍之內。
3. 其他運動員在投籃者後方排隊。
4. 教練擔任被動的防守球員。
5. 教練彈地傳球給投籃者，展開訓練。
6. 投籃者走過來接球，，與投籃手同一側的腿放在籃球下方，將籃球舉高到投籃位置，面對教練「雙手舉高」的防守壓迫，將球投出。
7. 投籃者去搶進攻籃板球，並投籃，再走到隊伍末端。
8. 教練與其他每一位運動員重複這項訓練，每次 1 名運動員。

9. 計算每一隊在 60 秒內的投籃次數。重複進行訓練，追球更高的球隊得分。

仰躺投籃

重複：2 次，每次 30 秒，或是計算連續 5 次所需時間。

訓練目的

＊ 練習投籃的手放在籃球後方，以及手肘或肩膀呈一直線。

＊ 練習以指尖推出籃球，以及順勢動作。

＊ 練習接住回來的球，以及再次排隊投籃。

步驟

1. 運動員仰躺，籃球位於與投籃的手同一側的肩膀上方。
2. 運動員投籃的手放在籃球後方，食指位於籃球的正中央，拿著籃球。
3. 手肘要在籃球與肩膀之間打直，而不是往一旁突出。
4. 運動員將球直線投入空中，手肘完全伸展，還有順勢動作。
5. 籃球應該要往上飛，再直接回到運動員的手中。運動員接住球之後，可再次投出。

閉眼投籃訓練

重複：運動員分為 2 隊，完成 2 組訓練，每組罰球 20 次。

訓練目的

＊ 培養運動（身體）的記憶，讓運動員在沒有視覺干擾的情況下投籃。

＊ 培養運動員在投籃時不受視覺干擾的能力。

步驟

1. 1 位運動員擔任投籃者，另 1 位擔任搶籃板者。
2. 投籃者站在罰球線，想像一次成功的罰球，然後閉上雙眼。

3. 投籃者閉上雙眼投籃，儘量維持正確姿勢，並完成順勢動作。
4. 搶籃板者搶籃板，並告訴投籃者剛才的情況，亦即「你投籃太用力，或是力量不夠」、「球往左偏了」等等。
5. 重複投籃 20 次，搶籃板者記下投進的次數。
6. 完成 20 次之後，2 名運動員互換位置，再次展開訓練。

一次運球上籃

重複：每一位運動員完成 2 次訓練，每次 30 秒，或是直到運動員完成 5 次連續上籃。

訓練目的

＊ 練習靠近籃框投籃。

＊ 練習靠近籃框的步法。

步驟

1. 運動員一開始以平衡的姿勢，站在禁區一側的中間的井字符號。這一側必須是運動員的強邊（strong side）。
2. 強腿（旋轉的軸心腳）應位於後方，弱腿位於前方。
3. 以強手運球，弱邊的腳踏出 1 小步。
4. 將球拿高到大約膝蓋的高度，強腿往前。
5. 以強手上籃，身體直線朝上，將球放在籃板方框上方高處。
6. 以平衡的姿勢落地，接住從籃網落下的球，或是籃板球。
7. 重複訓練，這次使用弱邊端。

投籃與移動

重複：3 個位置各進行 2 組訓練，每一組投籃 20 秒。

訓練目的

＊ 練習連貫的接球後立即投籃，並迅速將球投出。

步驟

1. 一組有 3 名球員（或 2 名球員與 1 位教練），以及 1 個哨子，1 個碼錶。
2. 在球場上的 9 英尺、15 英尺，以及三分線後方做標記（圓錐很適合用在這個地方）。
3. 安排 1 位運動員（或教練）拿著碼錶與哨子，1 位運動員負責搶籃板，另 1 位運動員負責投籃。
4. 負責計時的運動員吹哨，訓練開始。
5. 搶籃板的球員傳球（胸前傳球）給投籃的球員，投籃的球員已經站在 9 英尺標記的投籃位置。
6. 搶籃板的球員繼續傳球給站在 9 英尺標記的投籃球員，直到計時的球員吹哨（滿 20 秒）。
7. 投籃球員往後退至 15 英尺的標記，繼續投籃，直到下一次哨聲響起（又滿 20 秒）。
8. 最後投籃球員退至三分線後方，繼續投籃，直到最後一聲哨聲響起（滿 20 秒）。
9. 搶籃板球員記錄投籃進球的次數。
10. 運動員互換位置，重複訓練。

防守

您的運動員可以	從未	偶爾	經常
擺出正確的身體姿勢：雙腿彎曲，頭部與雙手抬高，重心放在雙腳的球部。	☐	☐	☐
保持正確的身體姿勢，同時身體向旁邊、前方與後方移動。	☐	☐	☐
保持正確的身體姿勢，同時身體隨著籃球移動。	☐	☐	☐
保持正確的身體姿勢，同時身體隨著對手及籃球移動。	☐	☐	☐
總結			

錯誤改正表：防守

錯誤	糾正	訓練／測試參考
運動員太靠近接到傳球的球員，導致自己被繞過。	運動員、籃球，以及運動員要防守的球員之間，形成一個虛擬三角形。要確認運動員能看見籃球，以及自己要防守的球員。	
運動員在防守投籃時，對投籃的球員犯規。	提醒運動員雙臂要挺直高舉過頭，不要伸向前去。	
控球的進攻球員在運動員身旁移動。	確認運動員的雙腳會隨著身體移動並滑動，包括左右與前後移動。	「艾克學麥克」

教練的籃球訣竅：總結

練習的訣竅

1. 對籃球的專注與移動非常重要，畢竟防守的目標是阻止或限制進攻方得分。要以具體的訓練方式，讓防守球員知道要做什麼，又該怎麼做。
2. 練習盯人防守與區域防守，運動員才會知道不同的情況要運用不同的策略。
3. 指導防守的步法與手勢，運動員就能專注在特定的技巧。

指導防守

關鍵字

＊ 看著籃球。

＊ 頭部與雙手舉高。

＊ 滑動。

防守訓練

防守站位與移動

「艾克學麥克」

1. 運動員在體育館分散開來，相隔至少一條手臂的距離。所有的運動員移動的方式與方向，都要與領導者一模一樣。教練亦可在運動員跟隨領導者的過程中，指出移動的方向，並說出關鍵字。
2. 現在領導者要負責防守 1 位控球的球員。所有運動員移動的方式與方向，都要與領導者相同。
3. 每一位運動員的目標，是連續 3 次按照指示展現步法技巧，且不能失去平衡。
4. 完成 3 次可得 1 分。第 1 位累計滿 5 分的運動員，就是下一位領導者。

關鍵字

＊ 看著籃球。

＊ 順勢動作（鵝頸）

搶籃板

您的運動員可以	從未	偶爾	經常
嘗試以任何方式接住拋向空中的籃球。	☐	☐	☐
接住拋向空中的籃球。	☐	☐	☐
嘗試以任何方式接住從籃板彈回的籃球。	☐	☐	☐
追蹤投向籃框的籃球。	☐	☐	☐
轉身面向籃框，擺好搶籃板的姿勢。	☐	☐	☐
以任何方式，接住從籃板彈回，在地上彈跳 1 次的籃球。	☐	☐	☐
僅僅以雙手接住從籃板彈回，並在地上彈跳 1 次的籃球。	☐	☐	☐
僅僅以雙手接住從籃板彈回，且還在空中的籃球。	☐	☐	☐
在跳起搶籃板之前，以「卡位」阻撓對手。	☐	☐	☐
參與球隊的搶籃板訓練。	☐	☐	☐
總結			

錯誤改正表：籃板球

錯誤	糾正	訓練／測試參考
運動員一再被對手阻擋，無法搶籃板。	建議運動員專心看球之前，先認清對手的位置，就能進入對手與籃框之間的空檔。	雙線卡位。
運動員在籃框附近身旁有人移動，因此失去平衡。	確認運動員的雙腳相隔夠寬，以保持平衡，同時重心要放在雙腳的球部。	重複跳躍。
運動員無法抓住搶到的籃板球。	確認運動員雙手儘量用力握住球。	跳起拿球。

教練的籃球訣竅：總結

練習的訣竅

1. 搶籃板是最困難的基本技巧，因為牽涉到位置、追蹤球、把握時機、移動（跳躍）、接球，以及平衡。
2. 分解搶籃板的步驟，循序逐步練習，運動員即可漸漸學會在比賽中搶籃板。
3. 要具體說明「去拿球」的概念。在訓練及比賽中強化這個概念。
4. 能比對手伸向更高，在搶籃板是很大的優勢，所以要培養垂直跳躍，以及伸手朝上拿球的能力。
5. 搶籃板是進攻與防守都會使用的技巧，所以值得多花一些時間培養。
6. 搶籃板的關鍵包括：跳躍所需的迅速與力量，還要有耐力，才不會因為跳躍而耗盡體力，也要有周邊視覺，看得見四周有哪些東西哪些人，最後也要有平衡感，在搶籃板的過程當中，以及落地之後保持控制。

練習的訣竅

關鍵字

* 看著籃球。

* 去拿到籃球。

搶籃板訓練

對於能力較低的運動員來說，重點在於身體所處的位置正確，而且在沒有對手壓迫的情況下去搶球。下列的練習適合不會跳躍，以及剛開始學跳躍的運動員。

跳躍

如果運動員還是沒有跳離地面，就親自動手協助運動員採取正確的姿勢，移動運動員的身體以完成跳躍。運動員要是仍然無法跳離地面，教練可以站在運動員身旁，示範跳躍的動作，雙臂高舉在空中。教練說出「預備」口令，要確認運動員的身體平衡，頭部位於雙腳上方。接著說出「彎曲」口令，要確認運動員雙膝彎曲的同時，仍能保持平衡。最後是「跳躍」口令，同時要示範膝蓋出力往上跳，雙臂向上伸展，彷彿在搶籃板球。如果運動員的學習較為緩慢，教練一定要在跳躍學習的每個階段，找到運動員值得肯定的小地方。

重複：2 組，每組各跳 10 次。

訓練目的

＊ 培養基本的跳躍技巧。

步驟

1. 教練示範，運動員先觀看，再照做。
2. 擺出雙腿彎曲，雙肘位於身旁兩側，雙手舉高的姿勢。
3. 雙腿先彎曲再伸直，身體離地升上空中，雙臂高舉過頭。

關鍵字

＊ 彎曲與跳躍

重複跳躍

重複：3 組，每組跳躍 10 下。

訓練目的

* 練習在跳躍之間維持平衡。

* 培養屢次搶籃板所需的耐力。

步驟

1. 就正確位置。

2. 彎曲並跳起。

3. 像貓一樣以有控制且平衡的方式落地。

4. 連續重複再跳 9 次。

關鍵字

* 彎曲與跳躍

* 像貓一樣落地

跳躍與搶到球

重複次數：5 次有 3 次成功。

訓練目標

* 培養伸展與搶球的技巧。
* 練習在搶到籃板落地之後，要能控球與護球。

步驟

1. 把球舉高到運動員拿不到的地方。如果你的個子不夠高，無法將球舉高到運動員拿不到的地方，也可以稍微將球拋起。
2. 要求運動員「搶籃板」。
3. 運動員跳起，搶到籃球，雙肘朝外，籃球位於下巴之下。

關鍵字

* 看著籃球
* 搶籃板

擲球搶籃板

這個訓練適合中等能力，能追蹤球也能搶球的運動員。如同其他的訓練，最好先示範再練習。

重複：視你所選擇的隊形而定，每一個位置的運動員至少 2 次。

訓練目標

＊ 逐步練就搶籃板所需的技巧，從跳躍一直到卡位。

＊ 模擬比賽情境，練習將技巧運用於比賽。

步驟

1. 指導運動員「去搶籃板」。

☐ 將球拋到空中。

☐ 運動員踏出一步，接到球之後拿到自己的胸前，雙肘朝外。

☐ 5 次當中至少有 3 次搶籃板。

2. 2-3 位運動員現在排成 1 排，在籃框前站著，面向籃框。

☐ 教練站在籃框下方，背向籃框。

☐ 教練將球往後上方扔，球打中籃板再彈回。

☐ 每一位運動員首先有 3 次搶籃板的機會，再回到隊伍末端。

3. 如同前一個訓練，在外側增加一個旋轉的軸心，在混戰中傳球給在等待的隊友。

☐ 傳球過後，安排運動員輪換，搶籃板的球員負責快攻長傳，負責快攻長傳的到隊伍末端。

4. 安插 1 名由教練兼任的防守球員，壓迫搶籃板球及後場快攻長傳。

☐ 運動員被卡位，身後是教練兼任的防守球員。

☐ 運動員被防守的時候，必須傳球或運球之後快攻長傳，如同在比賽中。

雙線卡位

重複：每一位運動員在每一個位置至少 3 次。

訓練目的

* 模擬在人群中搶籃板的比賽情境。
* 強化搶籃板的同時要卡位對手。

步驟

1. 教練或射手在罰球線的中央拿球。
2. 2 名運動員在禁區兩側的第 2 個記號就位，另外 2 名運動員位於同樣的記號，但離禁區稍遠。
3. 位於離籃框最近的 2 個位置的球員，是防守球員，位於防守位置。離禁區稍遠的運動員，是進攻球員。
4. 射手投籃，防守球員喊出「投籃」，轉身，走向低位或卡位進攻球員，包括射手在內。防守球員向後旋轉，臀部位於對手的大腿旁邊，手肘朝外，雙手舉高。所有球員去搶籃框邊緣或是籃板彈出的球。
5. 讓運動員在不同位置輪換。
6. 等到運動員的技巧提升，就要加快訓練的速度，從進攻迅速轉換到防守。

迷你籃球賽：籃板球

這種比賽特別適合培養運動員主動出手的習慣。而且不需要完整的球隊，也能讓運動員在類似比賽的情境，運用所有的技巧。這個訓練要教導運動員在受到壓迫的情況下，如何成功搶到球。

重複：每天練習 3-5 分鐘。

訓練目標

＊ 體驗與其他球員一起搶籃板。

＊ 培養迅速反應。

步驟：

1. 教練安排 3-4 名運動員一組，一組 1 個籃框，能力類似的運動員分在同一組。
2. 2-3 名運動員（籃板球球員）站在籃框前。
3. 1 名射手站在罰球線之前，在投籃範圍之內的位置。
4. 球投出之後，每一位籃板球球員去搶籃板球。
5. 搶到籃板球的球員喊「球」，傳球給教練，教練喊「快攻長傳」。
6. 比賽繼續進行，直到有 1 位籃板球的球員，搶到 2-3 個籃板球。這位球員成為下一個射手。
7. 前一個射手轉為籃板球球員。
8. 比賽繼續 2-3 分鐘。

步法

步法是籃球場上進攻與防守動作的一大重點。要在籃球場上贏得勝利，就要有能力在場上快速移動、變換方向，或接球墊步。某些步法已經在幾種訓練中介紹過，這一節要把重點放在幾種也很實用的基本訓練。

您的運動員可以	從未	偶爾	經常
先往前跑，再往後跑。	☐	☐	☐
向右滑步，再向左滑步（一隻腳跨向旁邊，另一隻腳再跨到第一隻腳的位置）。	☐	☐	☐
單腳跳躍，再換腳跳躍。	☐	☐	☐
跳步（一隻腳先踏出再單腳跳躍，另一隻腳再踏出且單腳跳躍）。	☐	☐	☐
跑位（斜向跑 3 步，外側的腳站定後推離地面，以改變方向，旋轉臀部面向要前往的方向，朝著這個方向跑 3 步）。	☐	☐	☐
接球墊步（聽見哨聲進行 2 步停止運球，然後再進行接球墊步）。	☐	☐	☐
旋轉（重心落在靜止不動的一隻腳的球部，另一隻腳踏步，身體繞著轉軸旋轉）。	☐	☐	☐
總結			

指導步法

關鍵字

＊ 頭抬高

＊ 雙肘彎曲，雙手抬高（預備姿勢）

＊ 跑動時以雙腳的球部為重心

* 墊步時身體要放低
* 旋轉
* 滑步

敏捷步法活動

在進行活動之前，要先示範技巧。所有的運動員再照做。若是練習 2 步停止運球或接球墊步，運動員聽見哨聲後，必須在兩步之後停止運球，或是踏步之後接球墊步。也可以進行遊戲，例如「紅燈，綠燈」。

1. 安排球隊在球場底線排隊，每排四名運動員。
2. 教練從第一排開始。
3. 運動員在球場進行上述兩種步法活動的其中之一，分別在近端罰球線、半場、遠端罰球線，以及遠端底線停下。
4. 運動員一旦越過近端罰球線，教練就指示下一排開始。
5. 教練在運動員身旁進行步法活動，如有必要，要以口頭或肢體動作督促。
6. 一旦抵達遠端底線，教練安排運動員再次排好隊伍，以相同的步法活動回到原地。

指導訣竅

☐ 特別適合用來暖身。
☐ 運動員學會控球技巧之後，就要一邊運球，一邊進行一連串的步法訓練。

額外的籃球訓練

旋轉遠離防守球員

1. 將能力相當的運動員分為 2 人一組。
2. 教練將球交給進攻球員，開始大聲讀秒。
3. 防守球員靠近進攻球員，壓迫，並努力拍掉進攻球員的球。
4. 進攻球員旋轉，在球場上下帶球。

訓練的目標是進攻球員要守住球 5 秒鐘，不讓防守球員搶走。加入一位進攻球員的隊友，就能提高訓練的難度。

☐ 傳球者旋轉，移動球的同時，隊友會來回移動。

☐ 經過 3 秒鐘，教練說出「傳球」指令，運動員傳球給隊友。進攻球員要保持冷靜、頭抬高，旋轉，移動球，傳球給隊友。

擺脫包夾（Double Team）

在籃球比賽中，會出現包夾的情況。這個訓練要教導包夾的概念，並且練習如何擺脫包夾。進攻球員要學習保持冷靜、頭抬高、旋轉，以及移動球。防守球員要學習壓迫，以及在不犯規的情況下去追球。

1. 將能力相當的運動員分為 3 人一組。
2. 兩名防守球員站在進攻球員前方，負責壓迫與搶球，或是將球拍掉。關門：走向進攻球員，站在另一位防守球員身旁。
3. 教練將球交給進攻球員，開始大聲讀秒。
4. 進攻球員旋轉離開防守球員，帶著球在球場上下移動。前往開著的門：移動到離防守球員較遠的開放空間。目標是要控球 5 秒鐘不丟球。

關鍵字

＊ 關門

＊ 找到開著的門

* 旋轉

* 讓球繼續移動

圓圈傳球

可以是兩隊之間的對抗，但兩隊要分別位在場地的兩端。能力較低的團隊，可以在圓圈內外，以特定方向傳球。教練計算 60 秒內的傳球次數。這個活動很有趣，而且隨著技巧提升，傳球速度會加快。這個活動除了傳球之外，也加上移動，所以比較像比賽。

1. 教練將運動員分為 4、5 或 6 人一隊。
2. 每一隊站成 1 個圓圈。
3. 每一隊有 1 個人站在圓圈的中央。
4. 站在圓圈外側的 1 個人，傳球給站在圓圈中央的人。傳球者在傳球之後，走到圓圈中央。
5. 在圓圈中央的人，傳球給圓圈外側的人，傳球之後也取代圓圈外側的人的位置。
6. 必須完成指定的傳球與移動次數（25 次），或指定的時間（60 秒）。
7. 如果球掉了，一律要從站在圓圈外圍的人開始。

關鍵字

* 傳球前要面向你的隊友

* 「手舉高」，要有一個目標

* 傳球後隨著傳球方向移動

四角傳球（Four Corner Passing）訓練

這是一種很理想的團隊訓練，所有球員都要通力合作。首先用一顆球。等到運動員掌握了技巧，教練可提高訓練的難度，例如加入回傳。要傳球、跟隨、回傳，然後再繼續跟隨、回傳、前往隊伍的末端。教練提示「反向」，球與運動員就必須轉換方向。在訓練中加入第二顆球，必須從第一顆球對面的角落開始。如果使用兩顆籃球，就要加入「反向」口令。

1. 在這個訓練最簡單的形式，球隊在半場的四個角落整隊。每個角落至少會有 2 位運動員。
2. 首先其中 1 位運動員拿球，以逆時針方向傳遍整個方形場地。要具體說明是彈地傳球，還是胸前傳球。
3. 球員傳球之後，隨著傳球的方向移動，前往那一個角落的隊伍末端。
4. 接到傳球的球員，會旋轉至右方，傳球給那個角落的第一個人，再隨著傳球的方向移動，前往隊伍的末端。球繼續在方形場地的四周傳遞，運動員也持續變換位置。

關鍵字

＊ 看著球

＊ 雙手舉高

＊ 要有目標

＊ 要隨著傳球的方向前進

＊ 傳球之前要轉身面向隊友

運球、投籃、搶籃板、傳球比賽

1. 這是適合能力較低的運動員的過渡比賽。
2. 教練將能力相當的運動員分為兩隊（甲隊與乙隊）。
3. 兩隊各自在對面的邊線排成一排，身穿類似顏色的教學賽背心。
4. 每一隊有 1 顆籃球，顏色與另一隊不同。運動員只能使用自己球隊的籃球。
5. 兩邊各有 1 位教練負責督導。
6. 兩邊的教練首先以兩隻球隊各自的籃球開始。
7. 教練將球交給兩隊的第一位運動員。
8. 這位運動員運球走過整座球場的長度，投籃 1 次（最好是上籃），拿到自己的籃板球，傳給球場這一端離他最近的隊友，再走到球場中間附近的隊伍的末端。
9. 這位隊友運球走過整座球場的長度，投籃 1 次（最好是上籃），拿到自己的籃板球，傳給球場這一端離他最近的隊友，再走到球場中間附近的隊伍的末端。
10. 這個比賽包含長度各為 6-8 分鐘的四節。
11. 每一節結束後，計分員負責宣布分數。
12. 每一隊的進球次數都會記錄下來。
13. 比賽進行到一半，兩隻球隊要換邊，宣讀分數之後，比賽繼續進行。
14. 比賽結束後，球隊要互相擁抱，最終的分數要宣布。球隊列隊與對手握手，喊出隊呼。

助理教練可指出運球、傳球、搶籃板，以及投籃表現最佳的球員。要鼓勵並強化實用的技巧。運動員的父母、兄弟姊妹，以及志工也可一同參賽。非特殊奧運運動員，或是較為熟悉籃球的人士參賽的條件，是只能在禁區外投籃。

全場雙柱上籃訓練

這是連續進行 2-3 分鐘的訓練，強調在移動中傳球並接球，按部就班上籃或接球墊步上籃，以及調節。每過 60 秒就要轉移到另一根柱子。計算在每一根柱子投進的次數。要定期進行這種訓練。要訂出團隊的目標，以及個人最佳成績指標。

1. 4 根「柱子」在罰球線與罰球區交會的角落就位。
2. 隊伍一半的人在一個籃框下方排隊，另一半的人在另一邊的籃框下方排隊。
3. 以逆時針方向移動，比較適合右手上籃。
4. 每一個籃框下方的第一個人，將球傳給前方的「柱子」。
5. 傳球結束後，球員沿著邊線往前走，接到「柱子」傳來的傳球。
6. 運動員運球到半場，傳球給下一根「柱子」，再沿著邊線繼續往前走。
7. 等到運動員抵達罰球線的最遠端，就轉而面向籃框。
8. 「柱子」以彈地傳球的方式，將球傳向前方不遠處，好讓運動員毋須運球，就能上籃。
9. 站在籃框下的第一個人搶到籃板，傳給另一邊的「柱子」，繼續場上的活動。

關鍵字

* 拿到球
* 按部就班移動
* 雙手舉高
* 要有目標
* 輕輕上籃

去拿球（去追球）

這個訓練持續 2-3 分鐘。位於 3 號位置的隊友拿到第一顆球之後，

可以加入第 2 顆球。教練應站在每一個位置，親自提示運動員。要計算每一端的進球數。要定期進行這種訓練。要訂出團隊的目標，以及個人最佳成績指標。

1. 球隊在 1 個籃框下方排成 1 排。
2. 2 號、3 號、4 號，以及 5 號的位置以井號標明，各自相對。
3. 這些場上的位置每一個都有 1 名球員。
4. 1 號傳球給朝向球移動的 2 號。然後 1 號取代 2 號的原始位置。
5. 2 號拿球之後旋轉，面向球場與 3 號。
6. 2 號鎖定球場，3 號朝向球移動。
7. 2 號傳球給 3 號，接著取代 3 號的原始位置。
8. 3 號拿球之後旋轉，面向球場與 4 號。
9. 3 號鎖定球場，4 號朝向球移動。
10. 3 號傳球給 4 號，接著取代 4 號的原始位置。
11. 4 號拿球之後旋轉，面向球場與 5 號。
12. 4 號鎖定球場，5 號跑向籃框。
13. 4 號長傳給 5 號，接著取代 5 號的原始位置。
14. 5 號接球，接著運球上籃。
15. 5 號拿到自己的籃板球，再運球到另一端的籃框下方的隊伍。

關鍵字

＊ 看著球
＊ 雙手舉高
＊ 要有目標
＊ 要隨著傳球的方向前進
＊ 要拿住球
＊ 轉身面向

認識籃球

不要以為能力較低的球員也能理解籃球的基本目的。他們可能連簡單的概念都無法掌握，例如區分隊友與對手。

所謂打籃球，意思是球員想辦法將 1 個充氣的圓球，投入 1 個像籃子的高高的球籃。籃球賽是由 2 隻球隊在籃球場上進行，兩隻球隊各有 3 或 5 位球員。將球投入對手的半場的高高的金屬圓框與球網，就能得分。籃球賽所用的大圓球，也叫做籃球。

歷史

早期的籃球

籃球的特別之處，在於是由一個人發明，而不是由另一種運動衍生而來。籃球是由美國麻薩諸塞州斯普林菲爾德的一間基督教青年會（YMCA）大學的教師詹姆斯．奈史密斯博士（Dr. James Naismith），於 1891 年發明。奈史密斯博士是來自加拿大的牧師，當時在尋找一種劇烈的室內運動，讓年輕的男人在新英格蘭漫長的冬日打發時間。據說他接連否決了幾個構想，認為不是太粗野，就是不適合有圍牆的體育館。後來他寫下基本的規則，將一個裝桃子的籃子，釘在體育館的牆上。史上第一場正規的籃球比賽，於 1892 年 1 月 20 日，在基督教青年會的體育館舉行。奈史密斯博士的一位學生想出「籃球」這個名稱，從一開始就廣受歡迎。籃球的第一批支持者，經由基督教青年會派往美國各地，籃球也迅速風靡全美。

有趣的是，籃球的發明與盛行要歸功於基督教青年會，但籃球問世不到 10 年，基督教青年會就以太過粗暴為由，反對這項新運動，哄鬧的人群也開始脫離基督教青年會的首要使命。其他業餘的運動俱樂部、大學，以及專業俱樂部，立刻填補空缺。在第一次世界大戰爆發前的那些年，業餘競技聯盟（Amateur Athletic Union）與大學競技協會

（Intercollegiate Athletic Association，美國大學體育協會的前身）爭搶籃球規則的主導權。

籃球賽一開始使用的是足球。第一批專為籃球賽製作的球是棕色的，而且一直到 1950 年代末，東尼・辛克（Tony Hinkle）設計出一款球員與觀眾都更容易看見的球，也就是現在普遍使用的橘色球。

規則

籃球賽的目的，是要將籃球從上方投進對手的籃框，避免對手進球，爭取比對手更高的總得分。以這種方式嘗試得分，叫做投籃。一次投籃進球可得 2 分，遠射進球（距離籃框 6.25 公尺）可得 3 分，一次罰球進球可得 1 分。

籃球比賽

球員可以藉由投籃、傳球、投拋、輕拍、滾動，或運球，將籃球朝向籃框推進。所謂傳球，是一名球員將球丟給另一名球員。運球是一邊跑動，一邊持續讓球彈起。籃球不能用踢的，也不能用拳頭擊打，而且不能越過球場的範圍。

帶著沒有彈起的球跑動，叫做帶球走步，是違規行為。兩次運球的意思是用兩隻手運球，或是一次運球之後將球拿起，接著又展開第二次運球，也是違規的行為。運球球員的手掌最多與地面垂直，也就是要有一部分的手位於球的下方，否則就叫做翻球。在較高等級的籃球，對於球過半場、球停留在禁區，以及投籃的時間都有限制。美國國家籃球協會（NBA）的規則通常較為嚴格。很多人以為球員運球時能走的步數也有限制，其實並沒有如此限制。

干擾投出後正在下降的籃球，或是干擾正在籃框上彈跳的籃球，叫做妨礙中籃，是違例的行為。妨礙中籃是籃球最複雜的判罰，在各國差異很大。

犯規

以身體碰觸，蓄意讓對手處於不公平的劣勢，是違規行為，又稱犯規。防守球員最常犯規，但進攻球員也有可能犯規。被犯規的球員會拿到球再擲入場內，如果是正在投籃時被犯規，就會得到一次或更多罰球機會，視投籃是否進球而定。罰球是在距離籃框 4.5 公尺（15 英尺）的直線距離進行，投進 1 次可得 1 分。

如果一隻球隊在固定時間內，團隊犯規的次數超過上限（國際與 NBA 的球賽是 4 次），接下來每犯規 1 次，對手球隊就能拿到 1 次罰球機會。進攻犯規與雙方犯規（double foul）在 NBA 的比賽不算團隊犯規，但在國際比賽卻算是團隊犯規。

球員或教練若出現缺乏運動員精神的行為，例如與裁判爭執，或與另一位球員打架，會被判技術犯規。技術犯規累計 2 次的球員或教練，比賽資格會被撤銷，同時也會被勒令離場。身體過度接觸，或是與打球無關的公然犯規行為，稱為違反運動道德犯規（NBA 稱為故意犯規），會招致更嚴厲的處罰。在某些較為罕見的情況，球員會因為奪權犯規（disqualifying foul）而被勒令離開場館。

球員單場比賽犯規滿 5 次（含技術犯規，包括 NBA 在內的某些專業聯賽，則是 6 次），就不得繼續在場上比賽。這種情況叫做「犯滿離場」（fouled out）。球隊如果沒有球員可替換上場，就必須棄權。有些聯賽，包括 NBA，允許被撤銷參賽資格的球員再度上場，條件是球隊會被記 1 次團隊犯規。

球員

球隊包含 5 名球員，以及最多 7 名替補球員，不過系列比賽如果是 3 場或更少，一支球隊就只能有 5 名替補球員。在比賽中可不限次數替換球員，但比賽必須先停止，替補球員才能上場。

男球員通常穿著短褲與無袖上衣，也會穿能加強保護腳踝的高筒球鞋。女球員以前是穿上衣與裙子，但現在大多數的女球員穿的是與男球員相同的球衣。

常見的技巧與練習

位置

在籃球發展史的第一個 50 年，球員共有 3 種位置：2 名後衛、2 名前鋒，以及 1 名中鋒。從 1980 年代開始，出現了分工更細的位置：

1. 控球後衛
2. 得分後衛
3. 小前鋒
4. 大前鋒
5. 中鋒

在某些情形，球隊會選擇使用三後衛進攻陣型，以第三位後衛，取代 1 名前鋒或中鋒。

官方人員的角色

官方人員

比賽的官方人員包括 1 名裁判，以及 1-2 名主審，負責控制比賽。紀錄台上有紀錄人員，負責比賽的管理。紀錄人員包括負責記錄每一位球員的得分、暫停時間，以及犯規次數的計次人員。另外還有控制計分板的計時人員，以及比賽大錶（shot clock）操作人員。

裁判與主審通常會身穿黑白條紋上衣，以及黑色褲子。這些官方人員負責比賽的整體管理，確保球隊擁有公平、公正且一致的競爭環境。

籃球場

體育館或球場應有明確的定義，以便進行有組織的活動。教練也才能將多時間用於活動，節省懲戒的時間。球場四周的區域，不應有可能會導致運動員受傷，或破壞設備的實體危險物品。

籃球場包括一個水平的堅硬表面，通常是木質，以及兩個附有籃板的籃框。打籃球可以在體育館，在操場，或是在車道上也可以。亦可依據球員的人數與能力，調整球場的尺寸。

籃框是金屬邊緣垂掛著尼龍網，連接著籃板。籃板通常是長方形的樹脂玻璃，在籃框邊緣上方的位置，畫了一個方格。從球場地面，到籃框邊緣的正規高度，是 3.05 公尺（10 英尺）。但為了教學方便，教練亦可使用高度可調整的直桿（籃板桿），並依據運動員的能力調整高度。

指導訣竅

- ☐ 討論籃球場的邊界。帶領運動員前往體育場或戶外籃球場練習，要指出球場上的標線。如果球場上沒有標線，也要告訴運動員要如何測量邊界。教練也應協助運動員標註邊界。
- ☐ 在球場走一圈，討論哪些應該移除，哪些需要修理。要解釋為何要保持球場的安全整潔，運動員在家或在學校打籃球，才知道該如何確保安全。

修改與調整

比賽規則絕對不能為了運動員的特殊需求而修改。但教練可以依據運動員的身體、認知，或溝通上的特殊需求，改變訓練內容，有助於運動員學會籃球技巧。

關於各種殘障，以及建議進行的指導方法調整，請參閱《指導特殊奧運運動員手冊》（Coaching Special Olympics Athletes），特別是「資訊與解決問題」章節。

調整技巧

要調整訓練所涉及的技巧，好讓所有運動員都能參與。舉例來說，如果有一個活動需要跳躍，可以將跳躍能力相近的運動員，安排在同一組。運動員得到挑戰的同時，也不會因為同組的運動員跳躍能力遠勝於自己，而信心低落。

配合運動員的特殊需求

指導視障運動員，可使用鈴聲。指導聽障運動員，可使用不同顏色的球。要確認聽障運動員有手語翻譯員協助，或是你能提供有效的溝通方式。要記住，每一位運動員都是一個個體，會以不同的方式向其他運動員學習，也會有不同的反應。要觀察每一位運動員在每個活動的表現，評估學習成果與準備程度，再決定是否進行下個階段。

調整你的溝通方式

不同的運動員，需要不同的溝通方式。舉例來說，有些運動員對於有示範的訓練活動反應較好，學習效果也較佳。有些運動員則是需要比較大量的口頭溝通。有些運動員可能需要綜合體，亦即需要看見、聽見、甚至閱讀練習或技巧的說明。

家中訓練計畫

1. 運動員如果一星期只與教練訓練 1 次，沒有自行訓練，進步會非常有限。至少要經過 3 次訓練，才會有訓練效果。家中籃球訓練計畫（Home Training Program for Basketball）的設計目標，是促進運動員及親朋好友的基本運動技巧與體適能活動。家中籃球訓練計畫也可充當伙伴俱樂部計畫（Partners Club）的內容。家中訓練計畫可用於家庭、學校、教養院，以及公園及休閒計畫。
2. 運動員手冊／家中訓練指南可於特殊奧運網站下載，網址 www.specialolympics.org。教練可參考相關資料，將家中訓練納入賽季規劃。運動員與家人也可一起規劃，如何在練習之間加強練習！
3. 籃球家中訓練計畫包含簡單的暖身與伸展練習、基本的技巧練習、敏捷與調節活動，以及迷你比賽。每星期按照計畫訓練 2、3 次，效果會很明顯。計畫也包含重要的營養方針，以及動態生活建議，同時鼓勵運動員與親朋好友之間的社交互動，是適合所有人的有趣活動。
4. 玩耍最能提升運動員的運動能力！父母或監護人可以安排運動員跟家人比賽投籃，或是舉行計時運球比賽，當成額外練習，或純粹交誼。
5. 為了提升家中訓練的效益，教練應舉辦適合運動員家人與訓練伙伴的家中訓練課程。家中訓練課程應該是動態的課程，運動員的父母可藉由不同的活動，得到實際經驗。
6. 教練可以頒發成就證書，給在賽季中完成固定時數的家中訓練的運動員與訓練伙伴，以資鼓勵。有關記錄與計分的規則，請參閱《家中訓練手冊》。

籃球的交叉訓練

交叉訓練是現代的名詞，意思是以其他技巧，取代與某一項運動直接相關的技巧。交叉訓練是從受傷復健衍生而來，如今也運用於受傷防治。籃球員若是受傷，無法參加比賽，可以用其他活動取代打籃球，繼續培養有氧與肌肉的力量。

- □「交叉訓練」的目的，是在強烈運動訓練期間，避免受傷，同時維持肌肉平衡。運動的成功關鍵之一，是長期保持健康與訓練。運動員透過交叉訓練，能進行與運動相關的訓練活動，且更有熱情，強度更高，受傷風險更小。
- □ 在特殊奧運的範圍之內，許多運動使用的技巧與肌群與籃球相同。有幾種運動是非常理想的交叉訓練運動。騎單車會使用腿部，尤其是四頭肌。騎單車能鍛鍊容易受傷，且防守需要動用的部位。溜冰與競速滑冰也能提升肌肉強度、平衡、力量與耐力。打網球能提升敏捷度與橫向移動。
- □ 足球與團體手球，是與籃球非常類似的團體運動。尤其是團體手球，需要與籃球類似的基本技巧，包括移動、運球、傳球、接球，以及防守。但團體手球需要的運球較少，而且球要投入地上的球門，而不是空中的籃框。
- □ 交叉訓練的目的，是要讓運動員進行對身體的要求與籃球類似的活動。交叉訓練的運動不一樣，有挑戰性，而且有趣。但訓練是特定的。交叉訓練活動的優勢，是提升整體的體適能，而不是改善特定的籃球技巧。

籃球相關的概念與策略

訓練課

有 5 種簡單的方法，能打造訓練環境，幫助每一位特殊奧運運動員徹底發揮潛力。

要有組織

☐ 確認運動員了解所有的訓練與比賽時程。

☐ 要預先規劃訓練課，要帶著書面大綱前往訓練。

☐ 在開始之前，要先與助理教練及球員大致討論訓練大綱。

☐ 要準備好訓練所需的所有設備（圓錐、籃球、教學賽背心、碼錶等等）。

☐ 要迅速從一個活動前進到下一個。

☐ 如果可以，要求運動員自備籃球與水瓶。

你與運動員之間要有一份簡單的行為約定，也要約定共同遵守《特殊奧運運動員行為準則》（請參閱「特殊奧運基本規則」章節）。要在你的第一場父母會，以及你的第一次練習完成。

☐ 運動員應了解團隊規則的重要性。舉例來說：

☐ 準時抵達。

☐ 服裝要合宜。

☐ 聽從教練的指示。

☐ 無論在任何時候，都要全力以赴。

☐ 要給予隊友支持鼓勵。

規劃費時較短的動態活動

☐ 有些運動員可能無法長時間站著看，能專注的時間有限。

☐ 運動員可能會分心，會嚷亂。

□ 要安排運動員體驗比賽情境，並提升技巧。

□ 要有足夠的幫手（教練、父母或其他幫手），確保練習按照時程進行。

□ 每一項活動結束後，要有短暫的喝水休息時間。

教練要依據運動員的能力程度，給予適當的協助。

□ 有些運動員可以了解簡短的口頭指示與示範。

□ 其他則是需要教練以肢體動作催促或協助，才能展現技巧。

□ 要用關鍵字，而不是長篇大論解釋並強化技巧與概念的技術內容。

要問問題，而非總是命令。

□ 要給運動員思考的機會。要問一些需要思考與互動的問題。

□ 聽聽運動員怎麼說。

比賽階段

比賽之前

在開賽前大約 1 小時抵達現場。要有足夠的時間登記運動員。也要給運動員足夠的時間換上球衣，使用洗手間，熟悉現場的設備。

在比賽開始之間，安排運動員完成賽前暖身。如果可以，應由球隊的領導者帶領隊員暖身。標準的暖身包含下列活動：

□ 在上場之前，慢跑 2-3 分鐘，伸展 5-10 分鐘。。

□ 3-5 分鐘的雙線上籃（Two-line Lay-up）與籃板球訓練。

* 讓球隊排成 2 排，一排在籃框的右側上籃，另一排在籃框的左側搶籃板球。
* 上籃那一排的第一位球員運球上籃，再走到籃板球那一排的最後面。
* 籃板球那一排的第一位球員跑到籃下，跳躍（如果可以的話），搶上籃球員命中或是沒進的籃板球。

  * 搶籃板球員運球離開籃框，傳給上籃隊伍的下一位球員，再跑到上籃隊伍的末端。
  * 上籃與搶籃板練習持續 5 分鐘。

□ 個人技巧練習，每項各3分鐘，包括球的處理：傳球、接球、運球，以及投籃與搶籃板。可以分組進行，就不會有太多位運動員擠在同一個籃框下方。

  * 將球隊分為 2 組。
  * 1組練習投籃與搶籃板。1人投籃，1人搶籃板。投籃5次之後，投籃的球員改成搶籃板，搶籃板的球員改為投籃。
  * 另一組練習處理球（球繞過身體部位，以及 5 個位置運球），以及 3 人半場壓迫傳球。
  * 5 分鐘過後，兩組交換角色與位置。

□ 跟要上場的先發球員，以 5 分鐘的時間複習實際的進攻與防守位置。

□ 以 2-3 分鐘的時間進行球隊談話，主題包括位置配置、主要責任、進攻籃框，以及防守籃框。

指導訣竅

□ 球隊的技巧等級越低，越需要提示。教練可能需要協助運動員進行賽前暖身。但如果運動員在訓練中練習過暖身，而不是只在比賽前進行，就能學會。能力較高的運動員可領導各團隊。要保持樂觀，給予鼓勵，但也不要讓運動員太激動。最後以隊呼作結。

比賽過程中

1. 要給予運動員支持鼓勵。要正面，也要具體。
2. 不要指導正在控球的運動員，免得害他分心。要讓運動員自己決策，自己犯錯。
3. 要指派團隊的領導者，請他們幫忙提示並協助能力較低的運動

員。

4. 要讓每一個運動員都擁有上場時間（但要符合安全與行為準則）。
5. 要專心觀看比賽，評估對手與你的球隊各自的優缺點，並以換人及暫停做出調整。
6. 給予球員資訊要具體，務必要糾正第 1 個錯誤。
7. 換人要簡單，不要複雜。

□ 在賽前要規劃策略，找出最佳的戰術組合。運動員在練習時要演練這些戰術組合，以預作準備。

□ 在同一場比賽當中，不要讓能力較低的運動員變換位置。最好讓他們一整場比賽只打 1 個位置。

□ 換人要有目的：

＊ 讓疲倦或受傷的運動員休息。

＊改善防守，換上攻擊性較強的球員。

＊依據對手的策略做出調整，予以反制。

＊保護已經犯規 3 次或 3 次以上的球員。

＊換上專家，亦即最厲害的防守球員、搶籃板球員、罰球射手等等。

＊換下分心太嚴重的運動員。

＊要持續發揮己方的強項。

＊在第二節與第三節的結尾，安排 1 名能力較低的運動員上場，搭配其他能力較強的運動員。

8. 在適當的時機喊暫停：

□ 對手得到 4-6 分，而你的球隊尚未得分，就要喊暫停，打斷對手的攻勢。

□ 針對球隊的進攻或防守，做出必要的調整，例如：

＊如果對手有 1 名球員是厲害的射手，就由你最厲害的防守球員

負責防守。

＊如果對手球員有 1 位實力堅強的球員，其他的球員能力較差，就安排兩人防守（double-team）那一位球員。隊上其他的球員，可以透過三角防守保護籃框，亦即後方三名球員採取 2-1-2 區域聯防。

＊如果球隊持續在球場來回跑動，卻找不到投籃或搶籃板的好機會，教練就該喊暫停。要指示球隊儘快將球傳給控球後衛。控球後衛會沿著球場慢慢運球，指示球隊組織進攻。

＊如果對手出手壓迫，就將進攻的組織散開，由能力最強的球員輪番控球。規劃進攻的時候，也要顧及這一點。

☐ 即使在暫停時間，只要有必要，教練也可上場重新安排球員的位置，進行必要的調整。

☐ 要保持冷靜，要讓球隊保持專注。

☐ 運動員比較可能展現先前練習過的技巧。

☐ 運動員受到壓力，會很容易分心，在比賽中技巧會退步，尤其是較為年輕，經驗較少的球隊。球隊長期累積了訓練與比賽經驗，會更有自信，球技也會更好。

9. 要善加利用中場休息時間。

☐ 要把握時間喝水。

☐ 要肯定好的表現。

☐ 要指出球隊在下半場必須做到的 1 件事。

☐ 如有必要，教練也可親自上場重新布置進攻與防守。

☐ 組織第一波進攻與防守戰術。

☐ 先完成隊呼，再上場。

比賽後

1. 立刻列隊與對手握手。教導運動員無論輸贏，都要肯定運動員精

神，感謝另一隻球隊跟我們一起打籃球。

2. 召集整隻球隊。要把重點放在比賽的過程，而不只是結果。要肯定每一位運動員的貢獻。幫助運動員接受輸贏。
3. 宣布下一次練習或比賽的時間。
4. 在比賽結束後不要急著糾正錯誤，要等到練習再說。
5. 在家中花幾分鐘的時間，檢討球隊的表現。準備一些有用的意見與活動，在下一次練習提出。

團隊戰術

籃球賽是由 2 隻球隊進行，每隻球隊各有 5 名球員（我們稍後會談到 3 打 3 的籃球賽）。比賽並不需要複雜。球隊如果不是在進攻對手的籃框爭取得分，就是在防守自家的籃框，防止敵隊得分，同時努力取回球權。

☐ 然而對教練而言，最大的挑戰是以簡單有效的方式，教導運動員比賽的概念及策略，讓運動員能有意義地參與籃球賽。概念與策略可以獨立出來，轉移到比賽。比賽本身就成為最好的老師。大約有一半的訓練時間，應用於培養基本技巧，另一半則應用於比賽。

☐ 迷你籃球賽是運動員學習並練習基本比賽概念或策略的途徑。迷你籃球賽的球員人數不多，進攻與防守也很簡單，概念與策略也是分離的。教練從 1 對 1 開始，逐漸進階到 5 打 5 的團隊比賽。

進攻 vs. 防守

運動員的準備程度

- ☐ 運動員能運球、投籃，也能去追球。
- ☐ 運動員能向前、向後，也能向旁邊移動，同時保持雙手抬高。
- ☐ 運動員應以踏步與滑步的方式移動（要解釋給球員聽）。
- ☐ 運動員能抓住籃球。

指導進攻 vs. 防守

1. 安排 1 名拿球的運動員進攻，要求這名運動員要想辦法得分。
2. 安排 1 名運動員負責防守，面向進攻球員，與其相隔 1 條手臂的距離，背對籃框。
3. 指示防守球員要站在進攻球員與籃框之間。無論進攻球員在哪裡移動，防守球員也要移動，以避免進攻球員運球至籃下。
4. 進攻球員拿球，防守球員要用離球最近的 1 隻手放在球上，阻止或阻擋投籃。
5. 運動員在防守的同時，應避免對進攻球員犯規。

迷你籃球賽：1 對 1

1. 1 位進攻球員與 1 位防守球員位於罰球線。
2. 防守球員的目的，是位於進攻球員與籃框之間，並且在進攻球員得分之前拿到球。
3. 進攻球員可以運球，也可以投籃。
4. 投籃之後，防守球員主動搶籃板球。
5. 進攻球員若搶到籃板球，就繼續擔任進攻方。
6. 一旦進球或防守球員拿到球，比賽就結束。
7. 輪流的方式是防守、進攻、隊伍末端、防守等等。

關鍵字

＊ 進攻

＊ 防守

指導訣竅

☐ 首先以肢體動作，將運動員安置在正確的位置。站在防守球員身後。對於能力較低的運動員，教練可能必須以肢體動作，協助運動員移動以防守進攻球員。經過重複練習，教練會越來越不需要提示運動員。

☐ 在比賽過程中，每一位運動員必須了解自己何時進攻，何時防守。有些運動員在籃下一拿到球就投籃，沒有細分籃框屬於哪一隊。一旦發生運動員投錯籃框的情況，就要暫停比賽，予以糾正。

☐ 要善用每一分鐘。要問你的運動員：

1. 拿到球要做什麼？（向籃框進攻）
2. 對手拿到球，你要做什麼？（防守）

下半場攻守換邊

運動員的準備程度

☐ 運動員可以憑藉教學賽背心的顏色，辨識隊友。

☐ 運動員能辨識要投籃的籃框，以及要防守的籃框。

概念指導

1. 球隊在替補席站在教練的身後。每一位運動員都要能看見球場與籃框。
2. 教練指出距離球隊最遠的籃框，作為投籃的籃框（進攻）。
3. 教練問球隊，投籃要投到哪一個籃框？球隊指出籃框，並說「進攻」。
4. 如有必要，教練可以用肢體動作，協助運動員在場上排成進攻隊形。
5. 在下半場的開始，球隊與教練回到替補席。
6. 教練指著離替補席最近的籃框，現在是新的投籃籃框。
7. 教練問球隊，現在投籃要投到哪一個籃框？球隊回答。
8. 教練問球隊，現在要防守哪一個籃框？球隊回答。
9. 如有必要，教練可以用肢體動作，協助運動員在場上排成進攻隊形。

關鍵字

＊ 進攻

＊ 防守

指導原則

□ 在寫字夾板放上籃球場的照片或示意圖，是非常好用的工具。教練要強調投籃的籃框，就先指著寫字夾板上的籃框，再指著籃球場上的籃框。

□ 中場休息過後，教練要再次強調投籃的籃框，就先指出上半場時候的籃框，再移動寫字夾板，將籃框轉移到另一端。

□ 教練再問運動員，球隊現在投籃要投向哪個籃框？教練再指示，或是以肢體動作督促運動員跑到組織進攻的位置。

□ 要問你的運動員：

1. 我們投籃要投到哪個籃框？
2. 我們要防守哪一邊？

禁區 3 秒規則

運動員的準備程度

□ 運動員能向前、向後，也能向旁邊移動。

□ 運動員能辨識籃球場上的區域。

概念指導

1. 找出球場上的禁區，一個攻方，一個是守方。
2. 運用「熱」與「冷」的概念。將攻方與「熱」聯想在一起。進攻的時候要穿過去，否則會燒傷。
3. 將守方與「冷」聯想在一起，防守的時候要抵擋對手。
4. 經常以正確的位置，強化冷熱的概念。
5. 布置運動員在組織進攻的位置，所有運動員均位於禁區之外。
6. 在半場或全場比賽，站在球場上。等到運動員就組織進攻的位置之後，將他們帶離禁區。

關鍵字

＊ 熱

＊ 冷

指導原則

□ 有了具體的例子，就能將概念轉化成運動員能理解的形式。

□ 禁區 3 秒規則與下半場攻守換邊同樣難理解。在半場可以停留在禁區，但換了籃框，禁區也會隨之改變。

□ 將禁區 3 秒與進攻、投籃籃框的概念串連在一起。這不是能力較低或初學者籃球隊，在第一年就應該接觸的概念。最好等到第 2 或第 3 年，等球隊有了進攻的概念再傳授。

□ 要問你的運動員：

1. 我們投籃要投到哪個籃框？
2. 我們要防守哪一邊？

快攻

快攻是一種戰術，守方球隊拿到球，迅速傳球展開進攻。目標是在另一隊有時間加強防守之前，進球得分。

- 全部 5 名球員都要參與快攻，各有各的責任。球通常會傳給控球後衛，控球後衛運球到中間。2 名隊友位於控球後衛的兩側，「跑到快攻的既定路線」（要解釋這個概念）。這 2 位隊友跑在邊線的內側邊緣，給運球者足夠的運球空間。而且在邊線邊緣跑動，也能避免被防守球員阻礙。其餘的 2 名隊友先是跟著球跑，然後移動到籃下理想的搶籃板位置。

運動員的準備程度

☐ 運動員能轉身往前（是不是少了什麼？）

☐ 運動員能傳球、接球、運球，以及搶籃板球。

☐ 運動員能辨識隊友，也能與隊友配合。

☐ 運動員能認得籃球場的進攻端與防守端。

指導快攻

☐ 複習去追球。

☐ 複習搶籃板的步驟。

☐ 進行擺脱防守練習。

☐ 控球後衛拿到球，轉身面向進攻的籃框，尋找空檔，深入禁區上籃。負責搶籃板或傳球的球員跟在運球者後方，投球未進則搶下籃板球再補籃。

☐ 進行「雙人快攻」。

☐「加 1 追蹤者訓練」：上述的訓練再加入 1 名球員。這名球員成為其中 1 個「翅膀」（要解釋這個概念），佔據距離最近的快攻路線。

關鍵字

＊ 搶籃板

＊ 轉身看

＊ 後場快攻長傳

＊ 跑到快攻的既定路線

＊ 追蹤

指導訣竅

□ 能力較低的球隊也可以快攻，雖然看起來可能比較像擺脫防守或 2 人進攻。任何一位球員搶到籃板球，再長傳給最會運球的球員，就可以移動到開放空間，或沿著球場跑。

□ 教導球隊要尋找指定的運球球員，傳球給他。

□ 教練要安排最能控球的球員運球，可將失誤的機率降至最低。

□ 要指導搶籃板能力最強，速度最快的球員在球投出之後，要跑過來搶進攻籃板球。

□ 上述的練習亦可加入防守球員，一次加入 1 位，而且要在運動員學會快攻技巧之後再加入。既然重點在於進攻，就要讓進攻球員享有優勢。進攻方的球員人數，應比防守方多出 1 人。

□ 能力較強的球隊，可以進階到傳統的三線快攻（three-lane fast break）。

□ 為了提升快攻的效益，所有的運動員都務必了解自身責任。要列出具體的任務，一一練習。

罰球

運動員的準備程度

☐ 運動員能辨識正式的區域及球場上的界線（罰球區與罰球線）。

☐ 運動員能投籃。

指導罰球

1. 布置罰球的情境，解釋罰球的原因（運動員被犯規，尤其是在投籃的過程中）。
2. 2 名防守球員在禁區下方的低位就位。
3. 雙方在禁區輪流交換位置（最多 4 名防守球員及兩名進攻球員）。
4. 罰球球員雙腳站在罰球線後方。
5. 禁區附近的球員，要等到籃球離開罰球球員的手，才能進入禁區。
6. 罰球球員要等到籃球擊中籃框邊緣，才能進入禁區。
7. 在有控制的教學賽中，練習罰球情境。

關鍵字

* 雙腳位於罰球線後方
* 守住你的位置
* 等到球離開投籃者的手，就去搶球
* 投籃之後進入禁區

指導訣竅

☐ 如果你所指導的籃球隊是初學者，就不要花太多時間在這個概念上。可以在教學賽的時間練習罰球。就固定位置進行罰球，不必中斷比賽。

☐ 可以安排 3-4 名運動員的團體，在靜止狀態或訓練結束時，練習罰球。在比賽過程中，疲倦的運動員容易被犯規。在訓練結束時練習罰球，模擬這種情境。

☐ 要問你的運動員：

1. 身為罰球手，你的雙腳要放在哪裡？（罰球線後方）
2. 我們進攻應該站在哪裡？（在防守方旁邊，在禁區變換位置）
3. 我們防守應該站在哪裡？（籃框正下方，在禁區變換位置）

跳球

運動員的準備程度

- ☐ 運動員能跳起。
- ☐ 運動員能把握跳起的時機，順利輕拍在空中的球。
- ☐ 運動員能嘗試將球輕拍給隊友。

指導跳球

1. 示範並複習跳躍。
2. 將球高舉在運動員的頭上，要求運動員把球輕拍給隊友。
3. 將球拋到運動員的頭上，要求運動員把球輕拍給隊友。
4. 站在跳球圈，重複剛才的訓練。
5. 安排球隊在中圈四周排隊，排在 1 位對手旁邊。
6. 重複剛才的訓練。
7. 要記住，兩支球隊要各有 1 名球員站在三秒區的頂端，保護他們的籃框。

關鍵字

＊ 跳起與輕拍

＊ 輕拍給隊友

指導訣竅

☐ 在比賽開始，以及延長賽開始時，都要進行跳球。在初次跳球之後，每一次跳球（爭球），球權都會轉換。

☐ 指派你的 2 名跳球能力最強（最能掌握時機）的球員，擔任你的跳球專家。現在在比賽中遇到爭球情形，或是國際比賽上下半場的開始，都會需要跳球。

☐ 要花時間教導所有運動員跳球。但跳球並不是需要最先教的概念。

☐ 要問你的運動員：

1. 跳球要站在哪裡？（跳球圈裡）
2. 跳球要把球拍給誰？（隊友）
3. 其他不跳球的球員在哪裡？（跳球圈的外側與周圍）

傳切配合（Give-and-Go）

傳切配合是最重要的團隊技巧。運動員要學會辨識隊友，與隊友配合，最終目標是進球得分。運動員將球傳給藉由跑動獲得空檔的隊友。傳球者切入到籃下，等待隊友回傳。這種技巧能讓運動員將技巧轉化為戰術。這種技巧並非單獨使用，而是與進攻及團體戰術搭配使用。

運動員的準備程度

☐ 運動員能憑藉教學賽背心的顏色，辨識隊友。

☐ 運動員能傳球、接球、旋轉、運球、投籃、追球。

☐ 運動員可以向前、向後、向旁邊移動。

指導概念

1. 複習彈地傳球。
2. 傳授空切走位法（V-cut）。運動員朝著籃框走一步，外側的腳站定，臀部轉向帶球的隊友，朝著球走一至兩步。運動員接到球，設法得分。
3. 練習接到傳球，以及轉身（旋轉）面向籃框。運動員轉身面向籃框，將球舉高到前方，再舉到身體投籃的一側。運動員現在已經做好傳球、運球或投籃的準備。這種姿勢叫做「三重威脅」。
4. 進行沒有防守球員的傳切配合。
5. 進行傳切配合，接球的球員要面對 1 位被動防守球員。
6. 進行傳切配合，接球的球員以及傳球並空切走位的球員，要各自面對 1 位被動防守球員。
7. 進行傳切配合，且加入較為主動的防守球員。

關鍵字

* 去搶球
* 彈地傳球給隊友
* 空切走位

迷你籃球賽：2 打 1（前場）

1. 球隊由 2 名運動員組成。同隊的球員身穿相同顏色的教學賽背心。
2. 進攻隊有兩名球員上場比賽。
3. 防守隊有 1 名球員上場比賽，另 1 名球員在場下。
4. 進攻隊在投籃之前，至少要傳球 1 次。
5. 防守球員要守護籃框，但也要想辦法抄截。
6. 球要是出界，就算球權轉移與失誤。
7. 進攻方投籃並拿到籃板球，比賽就繼續。
8. 防守方若是拿到球，比賽就結束，球就交給教練。
9. 每支球隊扮演進攻方或防守方 3 個回合。
10. 在每個回合，都有 1 名新的防守球員負責防守。
11. 每支球隊扮演進攻方與防守方 2-3 次。
12. 進攻方進球 1 次得 2 分，搶到進攻籃板球得 1 分。防守方抄截 1 次得 1 分，搶到籃板球得 1 分。

辨識並與隊友合作

運動員的準備程度

☐ 運動員能憑藉教學賽背心的顏色，辨識隊友。

☐ 運動員能傳球、接球、旋轉、運球、投籃、追球。

☐ 運動員可以向前、向後、向旁邊移動。

指導概念

1. 3 名球員組成 1 隊。
2. 每一隊的球員要穿上相同顏色的教學賽背心，與其他隊的顏色不同。
3. 要求在投籃以前，至少要傳球 1 次。

關鍵字

＊ 去搶球

＊ 彈地傳球給隊友

＊ 空切走位

迷你籃球賽：3 打 3（無轉換）

1. 每 1 個籃框分配 1 隊，每隊含有 3 名能力相當的運動員。
2. 進攻隊為甲隊，面向籃框。
3. 防守隊為乙隊，在籃框與進攻球員之間活動（使用進攻球員）。
4. 教練站在分場線，將球交給進攻方。
5. 進攻方在投籃之前，至少要傳球 1 次。
6. 防守球員要守護籃框，但也要想辦法抄截。
7. 球要是出界，就算球權轉移與失誤。
8. 進攻方投籃並拿到籃板球，比賽就繼續。
9. 防守方若是拿到球，比賽就結束，球就交給教練。

10. 每支球隊扮演進攻方或防守方 3 個回合。
11. 每支球隊扮演進攻方與防守方 2-3 次。
12. 進攻方進球 1 次得 2 分，搶到進攻籃板球得 1 分。防守方抄截 1 次得 1 分，搶到籃板球得 1 分。

指導訣竅

☐ 第 1 次指導的時候，以實際動作協助運動員就定位。站在防守球員身後。對於能力較低的運動員，教練要動手協助運動員停留在進攻球員與籃框之間。

☐ 經過重複練習，就越來越不需要教練督促。

☐ 要問你的運動員：

1. 進攻要站在哪裡？（介於對手與籃框之間）
2. 進攻要做什麼？（得分）
3. 誰是你的隊友？（身穿同色上衣的人）

迷你籃球賽：3 打 3（調整的轉換）

按照上述的方法進行 3 打 3，但有下列幾點不同：

1. 一旦防守方拿到球，或進攻方得分，球就要丟給教練。
2. 兩隊要攻守互換。
3. 教練傳球給中間的進攻球員，繼續比賽。
4. 每支球隊扮演進攻方或防守方 3 個回合。
5. 每支球隊扮演進攻方與防守方 2-3 三次。
6. 進攻方進球 1 次得 2 分，搶到籃板球得 1 分。防守方抄截 1 次得 1 分，搶到籃板球得 1 分。

指導訣竅

☐ 目標是協助運動員從進攻轉換到防守，變換他們在半場的位置。在得分之後，或是防守方成功抄截或搶到籃板球之後，球傳給教練，運動員就有更多時間調整。如有必要，教練亦可口頭或動作督促。

迷你籃球賽：3 打 3（有轉換）

進行 3 打 3，但有下列幾點不同：

1. 一旦防守方拿到球，或進攻方得分，就要運球回到罰球線的最遠端後方。
2. 兩隊要攻守互換。
3. 比賽如前繼續進行。
4. 進攻球員必須至少傳球 1 次，才能投籃。
5. 比賽持續 2-3 分鐘。
6. 進攻方進球 1 次得 2 分，搶到籃板球得 1 分。防守方抄截 1 次得 1 分，搶到籃板球得 1 分。

指導訣竅

□ 這種循序漸進的學習，比較接近比賽的情境。每一位運動員都必須對球做出反應，也要取得球權。每個人都要迅速就位。進攻的時候，球隊是面向籃框。

□ 防守的時候，球隊是背對籃框，且介於對手與籃框中間。防守球員必須在球射向籃框之前，運球或將球傳給罰球線最遠端後方的隊友。

□ 對於能力較低的運動員，教練要口頭催促進攻球員「把球拿回來」，以及「空切走位」取得空檔。經過重複練習與強化，教練會越來越不需要催促。

□ 要問你的運動員：

1. 你要傳球給誰？（隊友）
2. 你進入防守，要將球運到或傳到哪裡去？（罰球線後方）
3. 你該怎麼做才會有空檔？（空切走位）

☐ 指導簡單的 3 人小組進攻（three-player offense）。能力較低的運動員在 3 人小組進攻，會比較知道該怎麼做，該往哪裡移動。每一位運動員應該只有 1-2 個任務。他們最好先認識球場一邊的某個位置，當成方位的基準點。

指導三人小組進攻

1. 按照球員的能力，分配在場上的位置。

☐ 能力最強的球員是 1 號，亦即控球後衛。

☐ 將另外兩名球員安排在籃框左方的低位（罰球區位置），1 位安排在另 1 位身後，背對籃框。

2. 聽見「走」指令，每一位球員就位。

☐ 2 號球員進入禁區，兩旁有防守球員。

☐ 3 號球員在籃框的另一邊，跑到低位的邊緣以外。

☐ 2 人都沒有站在對手（防守球員）身後。2 人都移動到空檔。

3. 1 號球員傳球給 2 號，切入到籃下。

4. 2 號旋轉，護球面向籃框，回傳給 1 號。1 號投籃。

5. 1 號、2 號與 3 號搶籃板球。

6. 或是 2 號旋轉，面向籃框，運球上籃。

7. 1 號在一開始亦可傳球給 3 號。比賽繼續。

最好使用簡單的盯人防守，有助於運動員學習防守控球的球員，以及無球的球員。盯人防守很適合用於 5 人制比賽。亦可運用三角防守（要解釋這個概念），最上方的防守球員防守控球的球員。在三角防守，防守球員不僅能防守整個區域，亦可防守區域內的控球對手。防守球員同時也位於最理想的搶籃板位置。亦可指派 2 名球員防守其他對手，1 名球員在後方保護中間。這是最理想的個人防守（壓迫控球球員）與區域防守（保護籃框）。

聯防

運動員的準備程度

- ☐ 運動員能傳球、接球、運球、防守，也能移動到球的位置。
- ☐ 運動員能辨識隊友，並與隊友配合。
- ☐ 運動員不會防守隊友，也不會把隊友的球搶走。
- ☐ 運動員知道要防守哪一個籃框。
- ☐ 運動員了解籃球比賽的基本規則。

籃球比賽的目的，當然是得分要超越對手。反過來說，就是要限制你的對手能得到的分數。這就是聯防概念的重點。

- 指導聯防若是從區域聯防概念教起，會輕鬆許多。球隊的每一位隊員學習如何防守對手，而且是在較安全的小空間練習。
- 2-1-2 區域聯防是比較好教的概念。教練可以使用籃球場上的標記，將運動員布置在靠近籃框的地方，避免高投籃命中率。每一位運動員都有一項任務要完成。教練必須了解每一位球員的能力，才能完成區域聯防的戰略配置，打造最有效的聯防。
- 至於運動員的配置，建議將球技最強，最全面的運動員（1 號），安排在區域的中間。這個人是一股穩定的力量，要負責協助隊友，保護最脆弱的區域（中間）。身材矮小，速度較快的運動員，則是布置在上方的位置（2 號與 3 號）。較為高大的運動員布置在下方的位置（4 號與 5 號），較靠近籃框。但建議至少能有一個位置，是分配給身材矮小，較有主張，且會積極跳起或移動以搶球的運動員。

指導聯防的步驟

傳授針對控球運動員的防守部署。

□ 1 名運動員、教練或志工示範正確的姿勢、手的位置，以及身體的位置（與控球的運動員保持 1 條手臂的距離，位於對手與籃框之間，背對籃框）。

□ 球員分散在球場上，每一位志工與 3-4 位運動員合作，口頭督促運動員做出正確的姿勢。

□ 全體分散開來，1 個籃框分配 4 名運動員與 1 名教練或志工，分別在 5 個聯防位置，個別練習位置及 1 對 1 的移動。1 位進攻球員負責控球，要繞過或越過防守球員投籃。

關鍵字

＊ 腹部面向球（要解釋這個概念）

＊ 走向球

指導每一位運動員的聯防位置

□ 建議選項：用膠帶在地板上做 X 記號，在賽季過程中逐漸移除。在貼上膠帶之前，要先徵求場地經理人的同意。

□ 運用籃球場上現有的線條或標記，亦即罰球線與禁區線的交叉點的禁區的兩側，作為上方的位置（2 號與 3 號），禁區的中間是中央的防守球員（1 號），禁區低位的兩側，是下方的位置（4 號與 5 號）。

□ 在上方的位置，每一位運動員將外側的腳放在位置上。在下方的位置，每一位運動員將內側的腳放在位置上。1 號負責禁區。

□ 將運動員安排在聯防位置上。每一位都要認得自己的位置與球場標記。每一個聯防位置的半徑，是運動員原始位置滑動 2 步的距離。

□ 指示運動員腹部面向球以及走向球（要解釋這兩個概念），在訓練過程中也要強化這兩個概念。

☐ 指示運動員，進攻球隊在周邊傳球的時候，要在自己的聯防位置的範圍內移動。每一位運動員要學習防守在自己負責的範圍內，有控球或無控球的對手。要強調：
- 全部 5 名運動員要一起移動，阻止進攻，而且
- 一名防守球員移動，其他每一位防守球員也要跟著移動，否則會出現得分的空檔（3 號移動以填補有球邊的低位區）。

指導攻守轉換

☐ 運動員在球場上自己的進攻端就位。運動員投籃，教練再將球取回。教練指示「防守」以及「前往你的 X」。助理以肢體動作督促運動員跑到另一頭，就各自的防守位置 X。

☐ 運動員快步跑向另一頭，就自己的防守位置。

☐ 進攻球員彼此傳球，防守球員一起移動。

☐ 持續強化「腹部面向球」以及「走向球」的概念。

☐ 逐漸移除籃球場上的 X。

練習攻守轉換

☐ 重複上述的訓練，首先在進攻端投籃，運動員快速奔跑至防守端，設置 2-1-2 區域聯防。

☐ 防守方抄截並搶籃板時，球隊分散至進攻位置。

☐ 要求進攻中鋒離開禁區，以強而有力的肢體動作加上口令督促（熱，快走出火場）。教練從第一天起就必須這樣做，否則運動員無法分辨進攻端與防守端，也不知道要走出禁區。

指導訣竅

☐ 能力較低的運動員，也能進行團隊運動。重點是概念，以及運動員的角色與責任，都要儘量簡單明確。運動員培養技巧，屢次應用於比賽，就會更了解概念。

□ 指導盯人防守，重點在於球員要負責防守球員，而不是防守一個區域。上述的指導步驟如下所示。

指導無球防守（幫忙）

□ 複習正確的防守姿勢與動作。

□ 傳授防守無球對手所採取的「拿槍指著」（讓路）姿勢。

1. 1 隻手指著防守球員，另 1 隻手指著控球的球員。
2. 防守球員必須始終明白球在哪裡。
3. 每一位防守球員，必須不用轉頭也能看見球。

關鍵字

* 走向球
* 腹部面向球
* 球
* 幫忙
* 阻絕

迷你籃球賽：傳球與幫忙與還原位置

□ 在球場縱長的中間，貼上虛線。這條線連結兩個籃框。

□ 教練要示範動作與位置，再由運動員練習。

□ 2 名球員在兩側進行定位進攻，1 名教練擔任控球後衛。

□ 防守球員針對進攻球員就防守位置。

□ 控球後衛位於 2 個籃框連線的一側。

□ 運動員就定位，教練告訴運動員要與有球邊的進攻球員，以及幫忙邊（無球邊）的 2 個籃框連線的進攻球員，保持手臂長的距離。

□ 控球後衛慢慢將球傳給一名進攻球員。

□ 指示「走向球」以及「腹部面向球」。

□ 防守控球球員的防守球員，在進攻球員與籃框之間活動。

☐ 防守無球球員的防守球員，一隻腳踏在 2 個籃框的連線，另一隻腳站在球場的幫忙邊，背對籃框。

☐ 隨著球移動，兩名防守球員移動，並喊出自己的位置。

1. 防守球員防守控球的球員，要喊出「球」。

2. 進攻球員與球之間有 1 次傳球的距離，防守球員要喊出「阻絕」。

3. 進攻球員與球之間有 2 次傳球的距離，防守球員要喊出「幫忙」。

☐ 他們面向球，旋轉並滑步至定位。

防守方的目標是干擾、抄截或搶籃板。安排防守球員對抗組織進攻，每回合間隔 1 分鐘。要計分。防守方每次成功干擾、抄截，或搶籃板，均可獲得 1 分。每隊扮演防守方 2-3 次。得分最多的隊伍獲勝。

迷你籃球賽：幫忙與還原位置，搭配傳球與有限的運球

☐ 加入一個元素：進攻球員拿到球可以切入。

☐ 有球邊的防守球員，必須緊緊跟著切入者，並阻止運球者抵達籃下（阻運）。

☐ 幫忙邊的防守球員，應協助阻止運球者上籃（阻運）。

☐ 回傳給控球後衛之後，所有的防守球員回到位置（走向球），腹部面向球。

☐ 控球後衛切入，防守球員要在中間形成弱邊高位（要解釋這個概念）。

☐ 控球後衛傳球，防守球員要視球所在的位置，還原有球邊防守，或幫忙邊防守。

☐ 比賽繼續，運動員一邊移動，一邊喊出自己與球的相對位置（球、阻絕、幫忙）。

防守方的目標是擾偏、抄截或搶籃板。安排防守球員對抗組織進攻，每回合間隔 1 分鐘。要計分。防守方每次成功擾偏、抄截，或搶籃板，均可獲得 1 分。每隊扮演防守方 2-3 次。得分最多的隊伍獲勝。

迷你籃球賽：防守殼布置與傳球

- ☐ 4 名進攻球員在禁區外的方格排好隊形。無人在禁區之內。
- ☐ 進攻球員在方格的周圍傳球。
- ☐ 防守球員「走向球」、「腹部面向球」，處於有球邊或幫忙邊（兩個籃框的連線）的正確位置，並喊出自己的位置（球、阻絕、幫忙）。

防守方的目標是干擾、抄截或搶籃板。每回合的比賽間隔 1 分鐘。要計分。防守方每次成功擾偏、抄截，或搶籃板，均可獲得 1 分。每隊扮演防守方 2-3 次。得分最多的隊伍獲勝。

迷你籃球賽：防守殼布置與傳球及有限的運球

- ☐ 如前所述，但進攻球員在接球之後可以運球。
- ☐ 防守球員「走向球」、「腹部面向球」，處於有球邊或幫忙邊（兩個籃框的連線）的正確位置，並喊出自己的位置（球、阻絕、幫忙）。

防守方的目標是干擾、抄截或搶籃板。每回合的比賽間隔 1 分鐘。要計分。防守方每次成功干擾、抄截，或搶籃板，均可獲得 1 分。每隊扮演防守方 2-3 次。得分最多的隊伍獲勝。

指導訣竅

- ☐ 混合防守（combination defense）能發揮很大的作用，尤其是對於能力較低的球隊。1 或 2 名球員進行盯人防守，其餘球員進行區域聯防。教練就能兼得兩種系統的好處：能以壓迫的方式干擾進攻，還能維持場上的穩定，保護籃框。
- ☐ 有些運動員能盯防球員，卻無法進行區域防守。他們對球隊的貢獻，在於貼身防守控球球員，其他隊友則在他們身後，進行區域聯防。

團隊進攻

團隊進攻的基礎，是運球、傳球、接球、投籃，以及進攻籃板球這些基本技巧。教練可以示範這些技巧，再協助個別運動員培養這些技巧。但除非運動員能在比賽中，與隊友合作，妥善發揮這些技巧，否則技巧就只是技巧而已。進攻的意思是進球得分。基本的進攻技巧的終極目標，是協助運動員與球隊得分。當然籃球比賽的目標，是得分要超越對手。

運動員的準備程度

- ☐ 運動員能傳球、接球、運球、投籃，也有能力去追球。
- ☐ 運動員能辨識隊友，也能與隊友配合。
- ☐ 運動員不會把隊友的球搶走。
- ☐ 運動員知道投籃要投向哪一個籃框。
- ☐ 運動員了解籃球比賽的基本規則。

指導團隊進攻的步驟

進攻技巧：運球、傳球、接球、投籃，以及搶籃板。

☐ 示範每一項技巧。

☐ 練習。

☐ 挑戰更高等級的技巧：展現技巧、多次展現技巧（投進 5 個球）、更快速展現技巧，在限制時間內至少要展現幾次技巧（30 秒內投進 5 個球）。

個別練習對抗防守球員：以得分為目標進攻。

使用 1 打 1 的迷你籃球賽，以個別的基本進攻對抗防守球員。

練習團隊技巧，先是無防守球員，再來是對抗防守球員。

☐ 傳切配合是最重要的團隊技巧，重點在於辨識隊友，並與隊友合作，終極目標是進球得分。運動員傳球給（以跑動取得空檔）的隊友，再切入到籃下，等待隊友回傳。

確認你的運動員的能力。

在能力較低的團隊，運動員可能從未具備全部 5 項進攻技巧。一定要了解運動員具備哪些能力，擁有哪些專長，才能打造最佳防守。

將運動員安排在最適合他們的能力的位置。

☐ 善用每一位運動員的強項。舉例來說，能傳球但不擅長接球的運動員，適合做控球後衛。

☐ 以能力最強的運動員為中心。在大多數的情況，每支球隊都有一兩名球員比隊友能力更強，更能看懂比賽。教練善用這些運動員的強項，球隊取勝的機會就會大增。

☐ 輔導每一位運動員增強這些技巧。在練習中要規劃足夠的時間，重複練習並強化這些技巧。

☐ 輔導每一位運動員扮演一種角色，熟悉這個角色，同時透過扮演角色，感受自己在球隊中的重要性。

□ 提供所有運動員實質參與的機會。在練習及比賽中，要給每一位運動員上場的時間。與對手切磋，能提升每一位運動員的技巧。運動員會迎接挑戰。隨著對手與情境的挑戰難度提高，運動員的能力也會提升，以克服挑戰。經過每一次練習，每一場比賽，運動員的能力都會提升。

建構簡單的進攻。

簡單的進攻能讓整個球隊充分發揮長處，贏得勝利。簡單的架構對於運動員的學習與配合來說是助力，而非阻力。簡單的架構具有穩定性，運動員知道該怎麼做，該往哪邊移動。以下要介紹1種簡單的進攻，叫做「傑瑞前進」，曾有能力較低的運動員與球隊試過，成效良好。

□ 球隊是半場的進攻方，沒有防守球員。運動員各有 1 個號碼，在球場上的位置是依據下列的能力等級分配：

＊ 1 號：能力最強，最全面的慣用右手的球員

＊ 2 號：運球能力普通的後衛

＊ 3 號：能切入、搶籃板的球員

＊ 4 號：能籃下投籃、搶籃板的球員

＊ 5 號：能傳球的球員

□ 所有的運動員都有組織進攻的位置。4 號與 5 號的位置位於球場左側的低位，1 位在另 1 位後方。3 號的位置在同一個角落，相距大約 3 公尺。

□ 1 號球員抵達球場中間，其他球員就要切入新位置。這時也要發出口令「傑瑞前進」（傑瑞是四號球員）。

□ 2 號、3 號、4 號，以及 5 號球員移至新位置，一號球員運球前往 3 秒區的右上側，製造傳球的角度。

□ 切入可進入空檔。控球後衛就能有更好的傳球角度。進攻方對於

防守方就有優勢。

☐ 1 號球員傳球給 5 號。

☐ 5 號球員有 4 種選擇：

＊ 轉身投籃。

＊ 傳球給 1 號，1 號再切入籃下，等待回傳或籃板球。

＊ 傳球給 4 號或 3 號，以進行籃下投籃，或是

＊ 傳球給 2 號

☐ 無論在何時，都會有至少 3 名搶籃板的球員（3 號、4 號及 1 號）最積極搶球。

☐ 等到球員學會進攻，教練必須協助運動員，在更接近比賽的情境，展現進攻能力。有一種方法是安排運動員站在賽區或中場線。控球後衛拿起球，教練就提示「進攻」與「組織」。運動員跑向自己的位置，聽見「傑瑞前進」就展開進攻。

☐ 運動員從防守端開始。搶到籃板球的球員，將球傳給或是交給 1 號球員，1 號球員在場上運球。教練指示「組織」，運動員跑到各自的位置，聽見「傑瑞前進」的口令，再展開進攻。

☐ 從進攻轉換到防守，再轉換到進攻。這是最接近比賽的情境。球隊意識到從進攻（拿到球），到防守（對手拿到球），再到進攻（再次拿到球）的過渡。

指導訣竅

☐ 可運用下列的實體提示，協助運動員學習進攻。用膠帶在地上標出組織進攻的位置，每個位置以 X 符號表示。用不同顏色的膠帶，在地上標示 X，代表切入的終點。等到運動員學會了進攻，再逐漸移除實體提示，使用地上現有的線條。

☐ 給予口頭提示，要強化正確的切入。你的運動員就能重複理想的進攻。

☐ 不僅要強化切入正確的位置，也要扔出彈地傳球，結束比賽。只要有人傳球或投籃，接球球員與搶籃板球員就要去搶球。籃球一離開射手的手，每一個人都要喊出「籃板球」，轉向籃框，然後去搶球。教練必須強化「去搶球」。

☐ 成功取決於球隊的得分能力。積極搶球能強化強勢的戰術，球隊也會有更多得分的機會。

安排 1 場有控制的教學賽，由進攻球員在全場對抗防守球員。要強化正確的戰術、良好的團隊合作，以及理想的結果（包括努力與結果）。

指導訣竅

☐ 教練參考運動員的意見，能提升運動員的自信與團隊精神。

☐ 可以請運動員談談自己在學什麼。

☐ 一起觀看籃球賽。

☐ 討論規則。

☐ 討論上次的比賽或練習有哪些理想與不理想之處，以及運動員又該如何改進。這樣的互動能讓運動員覺得受到重視，教練也能得到寶貴的意見。

☐ 教練只要提供足夠的機會，進攻、得分與成長就會發生。

☐ 運動員發揮能力，就能強化概念。雖然進攻是以得分的多寡衡量，但教練還是可以肯定每一位運動員的貢獻。

☐ 強化每一位運動員的優勢，能提升每個人的經驗，也能為所有人創造最理想的環境，帶來最大的收穫。

擲界外球

運動員的準備程度

☐ 運動員能傳球與接球。

☐ 運動員能依據教學賽背心的顏色，辨識隊友。

☐ 運動員能停留在界外，直到傳球為止。

指導擲界外球

1. 將運動員分為 2 人一組。
2. 2 人當中的 1 人在界外，另 1 人在界內接球。沒有防守球員。
3. 教練將球交給傳球者，傳球者以彈地傳球的方式，將球丟給隊友。
4. 負責接球的球員空切走位以取得空檔，接到傳球。
5. 傳球者進入界內，接到回傳。
6. 轉換運動員的角色，讓每一位運動員都有機會擲界外球，也接到傳球。
7. 在傳球者前方添加 1 名防守球員。這一位防守球員要壓迫傳球，再防守踏入球場的運動員。
8. 再添加另 1 位防守球員，負責防守接球的球員。接球的球員要更努力，才能打開空檔。
9. 進攻方的目標，是 5 次傳球有 3 次成功。防守方的目標，是 5 次抄截或擾偏有 3 次成功。
10. 在教學賽，要一再強化擲界外球的正確位置，以及傳球者正確的擲界外球方式。
11. 要告訴運動員何時可以移動（進球之後），何時不能移動（違例的時候）。

關鍵字

＊ 雙腳要位於線的後方

＊ 待在自己的位置

＊ 傳球後要進入場內

指導訣竅

☐ 教練要找出隊上 2-3 位傳球能力最強的運動員，指定他們在比賽時擲界外球。

☐ 問你的運動員：

1. 你的腳在哪裡？（在線的後面）
2. 你要傳球給誰？（隊友）
3. 你什麼時候才能跑進球場內？（傳球以後）

指導邊線擲界外球

1. 首先使用你的組織進攻布置。運動員已經知道聽見「走」，要往哪個方向移動（切入）。
2. 安排一位指定的傳球者喊出「走」，擲界外球。
3. 加入簡單的「3 秒區」組織布置。
4. 每一位運動員都要切入 1 次，也要完成 1 項任務。

☐ 你最強的全面運動員（1 號）將球拿出界外。

☐ 最強的搶籃板球員（4 號與 5 號）位在罰球區的最上方，最強的傳球球員（2 號與 3 號）位於低位。在理想情況，最強的搶籃板球員（4 號）與籃下射手，應位於球的對面。

☐ 聽見「走」指令，4 號與 5 號往籃下切入，2 號與 3 號往籃下的反方向切入。

☐ 1 號傳球給 3 號，再切入距離最近的角落。

☐ 3 號轉身，彈地傳球給 1 號投籃。

☐ 3 號、4 號及 5 號「去拿球」，搶進攻籃板球，並且得分。

指導底線擲界外球

1. 首先使用你的組織進攻布置。運動員已經知道聽見「走」，要往哪個方向移動（切入）。
2. 安排一位指定的傳球者喊出「走」，擲界外球。
3. 如同上述，加入簡單的「3 秒區」組織布置。
4. 每一位運動員都要切入 1 次，也要完成 1 項任務。

☐ 你最強的全面運動員（1 號）將球拿出界外。

☐ 最強的搶籃板球員（4 號與 5 號）位在罰球區的最上方，最強的傳球球員（2 號與 3 號）位於低位。在理想情況，最強的搶籃板球員（4 號）與籃下射手，應位於球的對面。

☐ 聽見「走」指令，4 號與 5 號往底線切入，2 號與 3 號切入 3 秒區的最上方，並轉身面向球。

☐ 1 號傳球給 4 號，再切入距離最近的角落。

☐ 4 號投籃。

☐ 3 號、4 號及 5 號「去拿球」，搶進攻籃板球，並且得分。

緩和

緩和與暖身同樣重要，卻常常被忽略。突然停止活動，運動員體內的血液會聚集，廢物代謝速度會變慢。特殊奧運的運動員可能也會出現抽筋、疼痛等問題。緩和能逐步降低體溫與心率，在下一場訓練及比賽之前，加速運動員的恢復。教練與運動員也可善用緩和的時間，討論訓練或比賽。

活動	目的	時間（至少）
有氧慢跑	降低體溫 逐漸降低心率	5 分鐘
輕伸展	清除肌肉代謝	5 分鐘

籃球教練指南

籃球指導技巧

目次

籃球規則教學

以下是 5 打 5 籃球規則的簡化版。每一位教練都應擁有 1 份國際籃球總會發行的《籃球比賽正式規則》。教練也應熟悉《特殊奧運運動規則》當中的規則更動，詳細內容請參閱 www.specialolympics.org，在後面的章節也會說明。正式的籃球規則包含相關規則的詳細說明，但在一開始，教練與運動員必須了解基本規則。

球場

- ☐ 5 打 5：球場最大 28 公尺（94 英尺）長，15 公尺（50 英尺）寬。最小 25.6 公尺（84 英尺）長，15 公尺（50 英尺）寬。
- ☐ 3 打 3（半場）：球場最大 14 公尺（47 英尺）長，15 公尺（50 英尺）寬。最小 12.8 公尺（42 英尺）長，15 公尺（50 英尺）寬。
- ☐ 5 打 5 與 3 打 3：球場應標示邊線、罰球線、中圈，以及三分投籃區的位置。
- ☐ 三分投籃區是 1 個半圈，直徑從罰球線中間，到籃框中央正下方，半徑為 6.25 公尺（19 英尺 9 英寸）。
- ☐ 籃球場上有兩個附有籃板的籃框，球場的兩端各有一個，離地面高度為 3.05 公尺（10 英尺）。

籃球

- ☐ 女性：使用較小的籃球。周長 74 公分（28.5 英寸），重量 567 克（19-20 盎司）。也可充當少年組比賽用球。
- ☐ 對於 15 歲以上的男性，正式用球的周長是 78 公分（29.5-30 英寸），重量 650 克（20-22 盎司）。

球員人數

- ☐ 5 打 5 比賽要 5 名球員才能開賽，3 打 3 比賽則是 3 名球員。
- ☐ 比賽要能繼續進行，5 打 5 比賽必須有 2 名球員在場上，3 打 3

必須有 1 名球員在場上，否則比賽就會被取消，除非教練認為人手不足的球隊有機會贏得球賽。

- □ 一支球隊能參加籃球比賽的最高人數為 10 人（全場 5 打 5 比賽）以及 5 人（半場 3 打 3 比賽）。

球員的球衣

- □ 所有球員必須身穿相同顏色的上衣與短褲。
- □ 依據國際籃球總會的規則，球員的上衣的前後兩側必須標明阿拉伯數字的號碼。號碼在球衣後側至少要有 6 英寸高，在球衣前側至少要有 4 英寸高，且寬度不得低於 3/4 英寸。
- □ 可使用下列數字作為號碼：0、3、4、5、00、10、12、13、14、15、20、21、22、23、24、25、30、31、32、33、34、35、40、41、42、43、44、45、50、51、52、53、54、55。（國際規則已改可以，建議刪除）。
- □ 國際籃球總會規定，在國際比賽，球員的上衣的前側與後側必須有阿拉伯數字的號碼。
- □ 在國際比賽，球衣後側的號碼至少要 20 公分高，球衣前側的號碼至少要 10 公分高，製作號碼的材質不得低於 2 公分寬。球員應使用 4-15 號作為號碼。不得配戴手錶或珠寶。

裁判

- □ 球場上包括 1 名主裁判，以及 2 名追蹤。裁判是球場上行使權力之人。
- □ 裁判的決策不可更改。

正式的分數表人員

- □ 至少 1 名計分員、1 名計時員，以及 1 名 30 秒計時員負責協助裁判。

比賽持續時間

☐ 根據國際籃球總會規定，正式的 5 打 5 比賽分為 4 節，每節 10 分鐘。

☐ 正式的 3 打 3 比賽的長度為 20 分鐘，或是在 2 支球隊的其中 1 支得到 20 分為止，無論何者先發生，比賽即結束。

☐ 所有的比賽都可由主辦單位調整。

比賽開始

在 5 打 5 的比賽，裁判會與 2 位分屬不同球隊的球員在中圈跳球，開始比賽或加時賽。在上半場，球隊將球投向對方球隊的替補席對面的籃框。在中間場地（neutral court），裁判應擲銅板決定籃框的分配。在 3 打 3 比賽，比賽開始時是以擲銅板決定哪一隊擁有球權（possession），不進行跳球。

比賽

籃球比賽由兩 2 支球隊進行，每支球隊分別有 5 人（5 打 5）及 3 人（3 打 3）。每隻球隊的目標是將球投進對手的籃框，並防止另一支球隊拿球或得分。按照規則，球可以朝任何方向傳遞、丟擲、輕拍、擊打、滾動或運球。

活球與出界球

球一旦碰觸到底線、邊線，或是底線與邊線之外的任何東西，就算出界。球權必須移交給造成球出界的球隊的對手球隊。

得分

球員在三分投籃區之內投球進籃框，得到 2 分。球員在三分投籃區之外投球進籃框，得 3 分。罰球每進 1 球得 1 分。

犯規

侵人犯規（personal foul）的意思是球員碰觸對手的身體。球員不得透過伸展手臂、肩膀、膝蓋，或將身體彎曲到不正常的位置，或使用粗暴的戰術，以阻擋、抵擋、推擠、衝撞、絆倒、阻礙對手的前進。被犯規的球員如果正在投籃而未命中，可罰球 2 次。

違例

球員若是違反掌控球的規則（兩次運球 double dribbling、帶球走步 traveling、翻腕 carrying the ball 等等），導致球出界，或是踩線，在球尚未離開投籃者的手之前進入罰球區等等，對手球隊就會拿到最近的地點的界外球，通常是位在犯規地點的邊線上。被犯規的球隊會在這裡發界外球。在 3 打 3 比賽，則是在罰球線以內的指定位置拿球。

其他情形

若發生爭球（held ball，雙方球員同時持球）的情形，原先握有球權的一方將失去球權。在國際比賽，遇到爭球的情形，採球權輪替。球員阻撓比賽正常進行，或有缺乏運動員精神的行為，構成技術犯規（technical foul）。受到技術犯規影響的球隊，會得到 2 次罰球機會以及界外球。在 5 打 5 比賽，每一支球隊在正規比賽時間內可請求 5 次暫停。

特殊奧運融合運動規則

正式的《特殊奧運運動規則》，以及規則書所記載的變更，對於特殊奧運融合運動比賽的相關規則差異不大。新增的規範如下：

1. 名單裡的運動員與夥伴的人數，要有一定的比例。雖然名單名額分配的方式沒有具體規定，但籃球隊名單若是有 8 名運動員與 2 名夥伴，就沒有達成特殊奧運融合運動的目標。
2. 出賽的陣容包括半數運動員與半數夥伴。球員人數為奇數的球隊（例如幾打幾的籃球）無論在比賽的任何時候，運動員的人數都會比夥伴多出一人。
3. 球隊的比賽分組主要是依照能力。在團隊運動，分組是依據名單上能力最強的球員，而不是所有球員的平均能力。
4. 團隊運動必須有 1 位非球員的成年人擔任教練。在團隊運動，球員不得兼做教練。

抗議程序

抗議程序視比賽規則而定。比賽管理團隊需負責執行規則。身為教練，你對於你的運動員與團隊的責任，是一旦發現運動員在比賽過程中遭遇的任何行為或事件，可能違反正式的籃球規則，就要提出抗議。絕對不能因為你與你的運動員沒有得到想要的比賽結果，就提出抗議。抗議是很嚴重的事情，會影響比賽的時程。

在比賽之前，要與參賽團隊一起了解比賽的抗議程序。

籃球禮儀

練習期間

在團隊中投籃，球員的人數若是多於籃球的數量，沒有籃球的球員就要在籃框下方等待沒進的球彈出，再拿球投籃。但投籃的球員要是投進籃框，就可以保有籃球，在籃框下方等待的球員也必須將球歸還給投進的球員。

比賽期間

若有球員受傷倒地，所有球員都要停止動作，單膝跪地，直到受傷的運動員離場，或繼續比賽。

運動員精神

教練與運動員承諾遵守公平競爭、道德行為與操守，就有運動員精神。無論在理論還是實務，運動員精神的定義，是慷慨與真心關懷他人的特質。下列是如何培養你的運動員的運動員精神的幾項要點。記得要以身作則。

認真比賽

1. 在每一場比賽都要竭盡全力。
2. 練習的強度要與比賽相同。
3. 要完成每一場比賽，永不放棄。

任何時候都要公平競爭

1. 永遠都要遵守規則。
2. 永遠都要展現運動員精神與公平競爭的態度。
3. 永遠都要尊重官員的決定。

教練須知

- ☐ 永遠都要做參賽者與支持者的好榜樣。
- ☐ 教導參賽者如何展現運動員精神，要求他們將運動員精神與道德放在第一位。
- ☐ 尊重比賽官員的判決，遵守比賽規則，不要有煽動支持者的行為。
- ☐ 要尊重對手球隊的教練、經理、球員，以及支持者。
- ☐ 要公開與主辦單位以及對手球隊的教練握手。
- ☐ 要制訂罰則，處罰違反運動員精神標準的球員。

融合運動運動員與伙伴須知

- ☐ 要尊重隊友。
- ☐ 隊友犯錯的時候，要給予鼓勵。
- ☐ 要尊重對手：在比賽前後都要與對手握手。
- ☐ 尊重比賽官員的判決，遵守比賽規則，不要有煽動支持者的行為。
- ☐ 要配合官員、教練、經理，以及其他參賽者，共同進行公平比賽。
- ☐ 即使對手球隊行為不佳，也不要（以言語或肢體）報復。
- ☐ 要重視代表特殊奧運的特權與責任。
- ☐ 要將勝利定義為竭盡全力。
- ☐ 要達成你的教練立下的運動員精神的高標準。

指導訣竅

- ☐ 要討論籃球禮儀，例如無論輸贏，每一場比賽過後都要祝賀對手。無論在什麼時候，都要控制自己的脾氣與行為。
- ☐ 教導運動員在田賽項目要等待自己出賽的時間。
- ☐ 教導運動員在徑賽項目要停留在自己的跑道。
- ☐ 在每一場比賽或練習之後，要頒發運動員精神獎，或給予肯定。
- ☐ 一定要稱讚展現運動員精神的運動員。

要記住

運動員精神是一種態度，是展現在你與你的運動員在運動場內外的表現。

* 對於比賽要懷抱正面態度。
* 要尊重對手與自己。
* 即使生氣也要克制自己。

籃球術語詞彙表

名詞	解釋
助攻	傳球給隊友，隊友直接得分，或是在得分之前，運球沒有超過兩下。
後場	球場的一端，在球隊的進攻籃框的對面。
底線	球場兩端的界線。
替補席	替補球員。
阻擋	接觸並未持球的對手球員的身體，阻礙其前進。
卡位	一種技巧，搶籃板的球員站在對手前方，背對著對手，將對手卡位在自己身後。
低位	籃下的第一塊區域。
板	籃板。
地板傳球	一種傳球，在傳向接球球員過中間線之後接觸地面。
中鋒	球場上的球員，主要活動範圍在距離籃框最近的中間區。
胸前傳球	將籃球從胸部的高度，在空中丟向另一位球員。
控球	活球由球員控制或運球，就叫做控球。活球在同一隊的球員之間傳遞，就叫做團隊控球。
防守球員	未擁有球權的球隊的球員。
守方	未擁有球權的球隊。
兩次運球	一種犯規行為，球員先是運球，再停下來，然後又開始運球。
運球	讓球彈跳。
快攻	一種戰術，球隊取得球權，快速傳球，希望能在對手球隊回防之前，找到機會投籃。
投籃命中	投籃進球，視投籃球員是位於三分投籃區之內還是之外而定，得分為 2 分或 3 分。
犯規	球員違反規則，處罰的方式是 1 次或 1 次以上的罰球。
罰球	球員得到機會，可站在罰球線後方投籃，且不受阻擋，球進則得 1 分。

名詞	解釋
妨礙中籃	一種犯規行為，球員干擾投出後正在下降的籃球，將籃球壓在籃板上，或是碰觸還在籃框上方滾動的籃球。進攻球員或防守球員都可能出現此種行為。
拉人犯規	碰觸對手球員的身體，導致對方無法自由行動。
籃	籃框或邊緣。
跳球	在籃球場上的中圈，在不同隊的兩名球員之間將籃球拋起，展開比賽。
跳投	球員跳入空中投籃。
三秒區	罰球圈。
罰球區	籃框附近端線與罰球線之間的禁區。球員在罰球區之外排隊進行罰球。
攻方	掌握球權的球隊。
長傳	（通常在搶到籃板之後）迅速將球傳給隊友，展開快攻。
外線球員	在罰球區外活動，面向籃框的攻擊球員（後衛與 1 名前鋒）。
禁區球員	在罰球區附近活動，背對籃框的攻擊球員（中鋒與 1 名前鋒）。
壓力	施壓，如「防守施壓」。
籃板球	投籃未中，球從籃框邊緣或籃板彈出，或是能搶到這樣未進彈出的球。
掩護	一種進攻戰術，攻方的球員靜止不動，避免守方球員成功防守球員進攻。
抄截	拿走對隊的球，無論是在對手運球時拿走，或是接獲對手的傳球。
技術犯規	不當行為所遭受的處罰，例如惡言相向，或與裁判爭執。
發界外球	將球從界外擲入，開始比賽。
包夾	2 名防守球員防守 1 名控球的進攻球員。
走步	運球時違規跑動或行走。
失誤	沒有投籃就失去球權。

特殊奧運籃球

教練快速入門指南

2008 年 2 月

目次

致謝

特殊奧運要感謝多位專業人士、志工、教練，以及運動員，在《籃球指導手冊》製作期間，不吝給予協助，一同履行特殊奧運的使命：為八歲以上的智力障礙人士，提供一整年均可進行的各種奧運運動的訓練及競賽，並持續提供機會，協助他們提升體適能，展現勇氣，感受快樂，將自身的天賦、技能與情誼，與家人、其他特殊奧運運動員，以及整個社會共享。

特殊奧運歡迎各界提供寶貴意見，協助我們改善本指導手冊。感謝對象的名單若有不慎遺漏之處，懇請見諒。

感謝下列作者

Dave Lenox，特殊奧運會

Ryan Murphy，特殊奧運會

特別感謝

Sailaja Akunuri

William Brown，籃球運動資源團隊（Basketball Sport Resource Team）成員

Leon Burwell，籃球運動資源團隊成員

Floyd Croxton，特殊奧運會運動員

Wanda Durden，（前）特殊奧運會

Vickie Forsyth，籃球運動資源團隊成員

Harold Holland，籃球運動資源團隊成員

John Moreau，籃球運動資源團隊成員

Michael Mundy，籃球運動資源團隊成員

Paul Whichard，特殊奧運會

美國馬里蘭州特殊奧運會

北美洲特殊奧運會

美國馬里蘭州蒙哥馬利郡（Montgomery County）特殊奧運會的運動員影片

Terrel Limerick，特殊奧運會運動員

Bobby，美國馬里蘭州蒙哥馬利郡特殊奧運會運動員

Joe，美國馬里蘭州蒙哥馬利郡特殊奧運會運動員

Max，美國馬里蘭州蒙哥馬利郡特殊奧運會運動員

Rachel，美國馬里蘭州蒙哥馬利郡特殊奧運會運動員

Ricardo，美國馬里蘭州蒙哥馬利郡特殊奧運會運動員

Jacky Loube，特殊奧運會籃球技術代表

訓練課範例

特殊奧運運動員通常比較適合簡單且有架構的例行訓練。有架構的例行訓練，對於特殊奧運運動員而言，會是一種正面的經驗，因為具有熟悉性、穩定度，以及一致性。此外，教練在抵達現場之前，若能先準備好有組織的計畫，就能將有限的時間，發揮最大的用途。總教練準備好有組織的計畫，與助理教練之間的合作與工作分配也能更順利。每次練習應包含下列內容：

- ☐ 暖身
- ☐ 伸展
- ☐ 先前教的技巧
- ☐ 新技巧
- ☐ 競賽體驗
- ☐ 體適能訓練
- ☐ 緩和
- ☐ 表現檢討

上列每個項目所需的時間，會因下列因素而調整：

1. 賽季階段：賽季初的技巧練習較多。相較之下，賽季中後期則是著重競賽。
2. 技巧等級：能力較低的運動員，需要加強練習先前所學的技巧。
3. 教練人數：在場的教練人數越多，優質的 1 對 1 教學越多，運動員的進步就越多。
4. 訓練時間的總長：相較於 90 分鐘的訓練課，2 小時的訓練課會有更多時間學習新技巧。

下一段會介紹我們推薦的 90 分鐘訓練計畫，以及教練的指導訣竅。

1. 暖身與伸展（20-25 分鐘）

☐ 提供安全的球場。

☐ 儘量提供每位運動員一顆籃球。

☐ 從隊呼開始。

☐ 儘量多多使用籃球。

☐ 提供步法活動。

☐ 伸展每一個肌群。

☐ 運動員學會例行動作之後，可安排運動員領導球隊伸展，教練則視需要個別指導。

2. 基本技巧（15-20 分鐘）

☐ 複習先前學的技巧。

☐ 介紹這一堂訓練課的新技巧主題。

☐ 以簡單、能吸引人的方式示範。

☐ 如有必要，以實際行動鼓勵並協助能力較低的運動員。

3. 競賽體驗（20-30 分鐘）

☐ 運動員接觸技巧後，藉由比賽學習技巧。比賽是最好的老師，因為比賽是運用技巧的機會。

☐ 迷你比賽（迷你籃球賽）能幫助運動員了解基本規則與比賽。

☐ 教學賽能讓運動員了解基本位置及比賽本身。

☐ 偶爾「暫停」比賽，強化正確的技巧。

☐ 必須強調且強化團隊合作與努力的重要性。

☐ 記得每次都要開放至少 10 分鐘的自由發揮時間，教練不給予任何指示，但還是會執行比賽規則。

4. 緩和與團隊訓話（5 分鐘）

☐ 緩慢地慢跑、走動與伸展。

☐ 在運動員進行緩和運動的同時，評論這一堂訓練課。

☐ 對於表現良好的運動員，要給予正增強（positive reinforcement）。肯定每一個人的貢獻。

☐ 最後以隊呼結束。

有效訓練課程的原則

讓每一位運動員積極主動	運動員必須積極傾聽。
設定簡明扼要的目標	運動員知道必須達成哪些目標，學習效果會更好。
給予簡明扼要的教學	示範能提升教學的正確度。
記錄進步	你與你的運動員一起記錄進步。
給予正向意見	強調運動員良好的表現，並給予獎勵。
要有變化	練習的內容要有變化，以免運動員覺得無聊。
鼓勵享受	訓練與競爭是很有趣的，為了你自己，還有你的運動員，要讓訓練與競爭繼續有趣下去。
提升難度	資訊按照下列的方式調整，學習效果會更好： • 從已知到未知：成功發現新事物 • 從簡單到複雜：發現「我」做得到 • 從一般到特定：所以我才這麼努力
規劃將資源運用到極致	善用你擁有的資源，對於沒有的設備，也可以臨場發揮，要發揮創意思考。
要接納個人的差異	不同的運動員，不同的學習速度，不同的能力。

訓練課程安全進行的訣竅

雖然籃球的風險很少，但教練有責任要讓運動員理解籃球的風險。運動員的安全與健康，是教練的首要考量。籃球並不是危險的運動，但教練要是忘記做好安全措施，意外就有可能發生。總教練必須負責提供安全的環境，將受傷的機率降到最低。

1. 在第一次練習就建立明確的行為規範，而且要確實執行。
2. 手不要亂放。
3. 要聽教練的話。
4. 聽見哨聲要停，看，聽。
5. 離開球場前要先徵求教練同意。
6. 要求運動員每次練習都要自備飲用水。
7. 檢查你的急救藥箱，適時補充藥品。
8. 知道練習期間距離最近的電話在哪裡。
9. 確認更衣室與洗手間在練習期間乾淨可用。
10. 安排所有運動員與教練學習急救程序。
11. 不要允許運動員穿戴手錶、手鐲或包括耳環在內的珠寶上場。
12. 在每次練習的開頭，暖身之後必須進行合適的伸展運動。
13. 安排能提升整體體適能的活動。體適能較佳的運動員受傷機率較小。
14. 場地必須安全。木板彎曲變形，或是地板上有洞，都要妥善修理，另外也要拿掉可能造成人員受傷的東西，例如牆上突出的物品等等。僅僅要求運動員避開障礙物是不夠的。
15. 在球場走一圈，確認球場的安全性。地板要乾淨，照明要充足，有需要的地方也都安裝了安全墊。球場不該有不必要的設備或障礙，也不該有鬆脫的物品。
16. 找到一個在練習期間，能存放籃球的安全區。安全區必須位於球場旁或球場後至少 2 公尺遠的地方。未經使用的籃球可放入球袋中，存放在安全區。

17. 檢查籃球是否適當充氣，有無脫皮。
18. 檢查籃框與籃網。
19. 鼓勵運動員在必要的時候，穿戴護膝、膝護架、下體護身、眼鏡束帶，以及護齒套。有些運動員需要額外保護。
20. 鼓勵運動員穿著舒適寬鬆的衣服，1 雙或 2 雙白色純棉或含棉的襪子，以及合腳且繫好鞋帶的球鞋。
21. 舉行分組競賽，或是 1 對 1、教學賽、迷你籃球賽等等，最好安排體型相當的運動員互相對抗。
22. 提供 1 對 1 教學，尤其是對於能力較低的運動員。
23. 每次練習與比賽至少要有 2 位教練在場，以提供：

- 1 對 1 指導能力最低的運動員
- 1 對 2 指導能力較低的運動員
- 1 對 3 指導能力中等的運動員
- 1 對 4 指導能力較高的運動員

評估並為運動員挑選適合的項目

一定要鼓勵運動員，還要給予運動員機會，選擇適合的運動與項目。但最重要的還是每一位運動員的健康與安全。運動與運動項目應該帶給所有運動員安全、有意義，且具挑戰性的機會。舉例來說，如果運動員的人數夠多，對於無法走動的運動員而言，輪椅籃球是非常合適的運動。但倘若運動員的人數有限，無法進行完整的 5 打 5，教練就應該協助運動員參與社區的球賽。

- 輪椅籃球賽、半場 3 對 3 籃球賽、個人技巧賽、快速運球賽，及團隊技巧籃球賽，適合輪椅運動員。
- 輪椅籃球賽、個人技巧賽、快速運球賽，及團隊技巧籃球賽，適合身障運動員。
- 半場 3 對 3 籃球賽、個人技巧賽、快速運球，及團隊技巧籃球賽，適合視障運動員。

快速運球賽	• 適合無法走動，技巧等級極低的運動員。
個人技巧競賽	• 適合反應非常慢，運球無法超過 10 公尺，連移動緩慢的球都無法移動身體接住，也不會積極參與的運動員。
團體技巧籃球賽	• 適合無法走動，技巧等級低，但能傳球也能接球的運動員。
3 對 3 籃球賽	• 適合至少能運球 10 公尺，也能傳球、接球、上籃、追逐移動中的球，以及能辨識隊友與對手的運動員。 • 也適合場地有限，比較適合半場比賽，或是比較習慣進行半場比賽的地方。
全場 5 對 5 籃球賽	• 適合擁有良好的基本技巧，通曉比賽的規則與基本戰術，以及有耐力的運動員。
融合運動籃球賽	• 適合技巧等級較高的運動員。

籃球服

在任何運動，運動員要順利訓練與競賽，必須穿上合適的運動服裝。不合適的服裝與設備，會影響運動員行動與打比賽的能力。鞋子的鞋底會滑、不合腳，或是沒有繫好鞋帶，眼鏡沒有用束帶固定，或是配戴珠寶，不僅運動員本身會危險，對其他人也會危險。運動員身穿好看且合身的隊服與籃球鞋，能增添自信，更有團隊精神，場上的表現通常也會更好。

所有要上場競爭的運動員，都必須身穿合適的籃球服。身為教練，你要負責說明，哪些類型的運動服適合訓練與競賽，哪些又不適合。要說明穿著合身服裝的重要性，以及在訓練與競賽穿著某些服裝的利弊。舉例來說，無論在任何場合，都不適合穿著牛仔長褲與藍色牛仔短褲打籃球。要說明運動員穿上牛仔褲，行動會受到拘束，就無法拿出最佳的表現。帶著你的運動員去參觀高中或大學的籃球訓練課或籃球競賽，指出那些運動員所穿的服裝。你也可以以身作則，穿上合適的服裝參加訓練與競賽，對於沒有穿上合適的服裝參加訓練及競賽的運動員，則不給予獎勵。

上衣

練習用的上衣應該要類似T恤，或是無袖。上衣必須要輕盈、舒適，穿上之後肩膀也能自由活動。運動員上場競賽，應該穿著乾淨的隊服上衣（有袖或無袖），胸前與背後要有號碼。要注意號碼大小的相關規則。上衣應該要合身，而且要夠長，能塞進短褲。

短褲

短褲的材質必須輕盈，腰帶要有彈性，臀部與大腿要能行動自如。

襪子

襪子有各種長度與材質。運動員最好穿上 1-2 雙合腳的白色棉質或含棉襪，以免雙腳起水泡。

鞋子

鞋子是運動員的服裝中最重要的部分。鞋子一定要有好的鞋底，才能有摩擦力，而且必須緊密貼合運動員的腳踝，但腳趾部位要有足夠的空間，方能避免起水泡。最好穿著高筒球鞋，因為運動員的腳與腳踝能得到最好的支撐。優質的籃球鞋，要能提供足弓與足後跟堅固的支撐，鞋墊要提供緩衝。最好不要穿黑色鞋底的球鞋，因為在某些球場會留下痕跡。

護膝

護膝、護腕，以及眼鏡束帶，能提供額外的保護，也能避免運動員受傷。膝護架只要有足夠的覆蓋，也可使用。

暖身服

在籃球練習或比賽之前的暖身，需要穿著暖身服。練習或比賽結束之後，也要穿暖身服保暖。但在練習或比賽的時候，不應穿著暖身服，因為暖身服有額外的重量，而且會導致運動員大量出汗。重量適中的棉質運動衫搭配長褲，是很理想又便宜的暖身服。

頭帶

頭帶、橡皮筋或絲帶能發揮安全作用，因為運動員要避免頭髮遮住臉。根據規則，運動員不能配戴金屬夾與髮夾。

籃球設備

運動員必須理解設備如何運作，又如何影響他們的表現。你向運動員展示每一個設備，也要請運動員說出設備的名稱與用途。擁有合宜的設備，並且正確使用設備，對於安全及教學都很重要。教練必須定期檢查設備，同時要進行預防性保養，以確保安全。

籃球

練習、比賽，以及日常打球經常使用橡膠籃球。橡膠籃球特別適合戶外使用。室內競賽則是比較適合使用皮革籃球。籃球必須定期檢查，看看是否適度充氣，有無瑕疵。市面上可以買到正規的重量與大小（76 公分）或是少年版的大小（71 公分）的籃球。

每一位運動員都需要一顆籃球。運動員必須經常使用籃球練習，才能進步。此外，少年運動員與女性運動員應使用較小的籃球，比較方便運球、傳球、接球及投籃。運動員擁有籃球，也能維持良好的體能。

打氣筒

帶著小型的打氣筒，以及 1-2 根球針到訓練場地。萬一需要才不會沒得用。

教學賽用的背心

務必準備教學賽用的背心，或特大號上衣，運動員才能區分隊友與對手。剛開始接觸特殊奧運的運動員，可能難以辨別隊友與對手，除非兩組球隊以色彩鮮豔的教學賽背心明顯區別。背心最好夠大，能直接套在身上，不需要繫在身上，穿脫才比較容易。材質要輕盈。最好有網格。

哨子

哨聲不能代替口頭命令。但運動員聽見哨聲一定要回應，因為賽務人員會在比賽中使用哨聲。要告訴運動員，哨聲代表停，看，聽。哨聲也可幫助運動員養成快速行動的習慣。

寫字夾板

附有訓練計劃的寫字夾板具有多種用途。訓練課程一旦開始，很容易忘記下一步應該做什麼。附有訓練計畫的寫字夾板是教練的好幫手，能幫助教練安排練習，與助理教練分享資訊，專注於任務，並監控進度。

標記錐

塑膠標記錐或標記塔很適合用來標示技巧評估區域，以及個人技巧競賽的場地。9 英寸的塑膠錐價格便宜又耐用，也比更大的標記錐容易使用。

粉筆

粉筆是用來標示外面地上的區域，或在地上或黑板畫出球局的示意圖。遮蓋膠帶（masking tape）可用於標示地板上的特定區域，例如個人技巧競賽和技巧評估測驗。地板上的 X 代表球隊比賽中的防守位置。

籃球規則教學

每一位教練都應擁有 1 份國際籃球總會發行的《籃球比賽正式規則》。教練也應熟悉《特殊奧運運動規則》當中的規則更動，詳細內容請參閱 www.specialolympics.org，在後面的章節也會說明。正式的籃球規則包含相關規則的詳細說明，但在一開始，教練與運動員必須了解基本規則。

球場

- ☐ 5 打 5：球場最大 28 公尺（94 英尺）長，15 公尺（50 英尺）寬。最小 25.6 公尺（84 英尺）長，15 公尺（50 英尺）寬。
- ☐ 3 打 3（半場）：球場最大 14 公尺（47 英尺）長，15 公尺（50 英尺）寬。最小 12.8 公尺（42 英尺）長，15 公尺（50 英尺）寬。
- ☐ 5 打 5 與 3 打 3：球場應標示邊線、罰球線、中圈，以及三分投籃區的位置。
- ☐ 三分投籃區是 1 個半圈，直徑從罰球線中間，到籃框中央正下方，半徑為 6.25 公尺（19 英尺 9 英寸）。
- ☐ 籃球場上有兩個附有籃板的籃框，球場的兩端各有一個，離地面高度為 3.05 公尺（10 英尺）。

籃球

- ☐ 女性：使用較小的籃球。周長 74 公分（28.5 英寸），重量 567 克（19-20 盎司）。也可充當少年組比賽用球。
- ☐ 對於 15 歲以上的男性，正式用球的周長是 78 公分（29.5-30 英寸），重量 650 克（20-22 盎司）。

球員人數

- ☐ 5 打 5 比賽要 5 名球員才能開賽，3 打 3 比賽則是 3 名球員。
- ☐ 比賽要能繼續進行，5 打 5 比賽必須有 2 名球員在場上，3 打 3

必須有 1 名球員在場上，否則比賽就會被取消，除非教練認為人手不足的球隊有機會贏得球賽。

□ 一支球隊能參加籃球比賽的最高人數為 10 人（全場 5 打 5 比賽）以及 5 人（半場 3 打 3 比賽）。

球員的球衣

□ 所有球員必須身穿相同顏色的上衣與短褲。

□ 依據國際籃球總會的規則，球員的上衣的前後兩側必須標明阿拉伯數字的號碼。號碼在球衣後側至少要有 6 英寸高，在球衣前側至少要有 4 英寸高，且寬度不得低於 3/4 英寸。

□ 可使用下列數字作為號碼：0、3、4、5、00、10、12、13、14、15、20、21、22、23、24、25、30、31、32、33、34、35、40、41、42、43、44、45、50、51、52、53、54、55。

□ 國際籃球總會規定，在國際比賽，球員的上衣的前側與後側必須有阿拉伯數字的號碼。

□ 在國際比賽，球衣後側的號碼至少要 20 公分高，球衣前側的號碼至少要 10 公分高，製作號碼的材質不得低於 2 公分寬。球員應使用 4-15 號作為號碼。不得配戴手錶或珠寶。

裁判

□ 球場上包括 1 名主裁判，以及 2 名追蹤。裁判是球場上行使權力之人。

□ 裁判的決策不可更改。

正式的分數表人員

□ 1 名計分員、1 名計時員，以及 1 名 30 秒計時員負責協助裁判。

比賽持續時間

□ 根據國際籃球總會規定，正式的 5 打 5 比賽分為 4 節，每節 10 分鐘。

☐ 正式的 3 打 3 比賽的長度為 20 分鐘，或是在 2 支球隊的其中 1 支得到 20 分為止，無論何者先發生，比賽即結束。

☐ 所有的比賽都可由主辦單位調整。

比賽開始

在 5 打 5 的比賽，裁判會與 2 位分屬不同球隊的球員在中圈跳球，開始比賽或加時賽。在上半場，球隊將球投向對方球隊的替補席對面的籃框。在中間場地（neutral court），裁判應擲銅板決定籃框的分配。在 3 打 3 比賽，比賽開始時是以擲銅板決定哪一隊擁有球權（possession），不進行跳球。

比賽

籃球比賽由兩 2 支球隊進行，每支球隊分別有 5 人（5 打 5）及 3 人（3 打 3）。每隻球隊的目標是將球投進對手的籃框，並防止另一支球隊拿球或得分。按照規則，球可以朝任何方向傳遞、丟擲、輕拍、擊打、滾動或運球。

活球與出界球

球一旦碰觸到底線、邊線，或是底線與邊線之外的任何東西，就算出界。球權必須移交給造成球出界的球隊的對手球隊。

得分

球員在三分投籃區之內投球進籃框，得到 2 分。球員在三分投籃區之外投球進籃框，得 3 分。罰球每進 1 球得 1 分。

犯規

侵人犯規（personal foul）的意思是球員碰觸對手的身體。球員不得透過伸展手臂、肩膀、膝蓋，或將身體彎曲到不正常的位置，或使用粗暴的戰術，以阻擋、抵擋、推擠、衝撞、絆倒、阻礙對手的前進。被犯規的球員如果正在投籃而未命中，可罰球 2 次。

違例

球員若是違反掌控球的規則（兩次運球 double dribbling、帶球走步 traveling、翻腕 carrying the ball 等等），導致球出界，或是踩線，在球尚未離開投籃者的手之前進入罰球區等等，對手球隊就會拿到最近的地點的界外球，通常是位在犯規地點的邊線上。被犯規的球隊會在這裡發界外球。在 3 打 3 比賽，則是在罰球線以內的指定位置拿球。

其他情形

若發生爭球（held ball，雙方球員同時持球）的情形，原先握有球權的一方將失去球權。在國際比賽，遇到爭球的情形，採球權輪替。球員阻撓比賽正常進行，或有缺乏運動員精神的行為，構成技術犯規（technical foul）。受到技術犯規影響的球隊，會得到 2 次罰球機會以及界外球。在 5 打 5 比賽，每一支球隊在正規比賽時間內可請求 5 次暫停。

特殊奧運融合運動規則

《正式特殊奧運運動規則》，以及規則書所記載的變更，對於特殊奧運融合運動比賽的相關規則差異不大。新增的規範如下：

1. 名單裡的運動員與夥伴的人數，要有一定的比例。雖然名單名額分配的方式沒有具體規定，但籃球隊名單若是有 8 名運動員與 2 名夥伴，就沒有達成特殊奧運融合運動的目標。
2. 出賽的陣容包括半數運動員與半數夥伴。球員人數為奇數的球隊（例如幾打幾的籃球）無論在比賽的任何時候，運動員的人數都會比夥伴多出一人。
3. 球隊的比賽分組主要是依照能力。在團隊運動，分組是依據名單上能力最強的球員，而不是所有球員的平均能力。
4. 團隊運動必須有 1 位非球員的成年人擔任教練。在團隊運動，球員不得兼做教練。

抗議程序

抗議程序視比賽規則而定。比賽管理團隊需負責執行規則。身為教練，你對於你的運動員與團隊的責任，是一旦發現運動員在比賽過程中遭遇的任何行為或事件，可能違反正式的籃球規則，就要提出抗議。絕對不能因為你與你的運動員沒有得到想要的比賽結果，就提出抗議。抗議是很嚴重的事情，會影響比賽的時程。

在比賽之前，要與參賽團隊一起了解比賽的抗議程序。

籃球術語詞彙表

名詞	解釋
助攻	傳球給隊友，隊友直接得分，或是在得分之前，運球沒有超過兩下。
後場	球場的一端，在球隊的進攻籃框的對面。
底線	球場兩端的界線。
替補席	替補球員。
阻擋	接觸並未持球的對手球員的身體，阻礙其前進。
卡位	一種技巧，搶籃板的球員站在對手前方，背對著對手，將對手卡位在自己身後。
低位	籃下的第一塊區域。
板	籃板。
地板傳球	一種傳球，在傳向接球球員過中間線之後接觸地面。
中鋒	球場上的球員，主要活動範圍在距離籃框最近的中間區。
胸前傳球	將籃球從胸部的高度，在空中丟向另一位球員。
控球	活球由球員控制或運球，就叫做控球。活球在同一隊的球員之間傳遞，就叫做團隊控球。
防守球員	未擁有球權的球隊的球員。
守方	未擁有球權的球隊。
兩次運球	一種犯規行為，球員先是運球，再停下來，然後又開始運球。
運球	讓球彈跳。
快攻	一種戰術，球隊取得球權，快速傳球，希望能在對手球隊回防之前，找到機會投籃。
投籃命中	投籃進球，視投籃球員是位於三分投籃區之內還是之外而定，得分為 2 分或 3 分。
犯規	球員違反規則，處罰的方式是 1 次或 1 次以上的罰球。
罰球	球員得到機會，可站在罰球線後方投籃，且不受阻擋，球進則得 1 分。

名詞	解釋
妨礙中籃	一種犯規行為，球員干擾投出後正在下降的籃球，將籃球壓在籃板上，或是碰觸還在籃框上方滾動的籃球。進攻球員或防守球員都可能出現此種行為。
拉人犯規	碰觸對手球員的身體，導致對方無法自由行動。
籃	籃框或邊緣。
跳球	在籃球場上的中圈，在不同隊的兩名球員之間將籃球拋起，展開比賽。
跳投	球員跳入空中投籃。
三秒區	罰球圈。
罰球區	籃框附近端線與罰球線之間的禁區。球員在罰球區之外排隊進行罰球。
攻方	掌握球權的球隊。
長傳	（通常在搶到籃板之後）迅速將球傳給隊友，展開快攻。
外線球員	在罰球區外活動，面向籃框的攻擊球員（後衛與 1 名前鋒）。
禁區球員	在罰球區附近活動，背對籃框的攻擊球員（中鋒與 1 名前鋒）。
壓力	施壓，如「防守施壓」。
籃板球	投籃未中，球從籃框邊緣或籃板彈出，或是能搶到這樣未進彈出的球。
掩護	一種進攻戰術，攻方的球員靜止不動，避免守方球員成功防守球員進攻。
抄截	拿走對隊的球，無論是在對手運球時拿走，或是接獲對手的傳球。
技術犯規	不當行為所遭受的處罰，例如惡言相向，或與裁判爭執。
發界外球	將球從界外擲入，開始比賽。
包夾	2 名防守球員防守 1 名控球的進攻球員。
走步	運球時違規跑動或行走。
失誤	沒有投籃就失去球權。

附錄：技巧培養的訣竅

運球

運球是運動員必須學會的最基本的技巧。不僅要學會如何妥善運球，也要知道什麼時候該運球，什麼時候又不該運球。要提升運球與處理球的能力，就要儘量找機會練習運球，而且要練習兩隻手運球。

技巧養成：運球

您的運動員可以	從未	偶爾	經常
以任何方式嘗試運球。	□	□	□
以任何方式至少連續運球 3 下。	□	□	□
站在定位，用一隻手連續運球超過 3 下。	□	□	□
站在定位，用另一隻手連續運球超過 3 下。	□	□	□
站著不動，先用一隻手，再用另一隻手，各自連續運球 3 下，中間沒有停頓。	□	□	□
一邊用 1 隻手運球，一邊向前走 10 步。	□	□	□
一邊用 1 隻手運球，一邊往前跑 20 步。	□	□	□
用任 1 隻手運球，身體朝任何方向移動（向前、向後，或向旁邊）。	□	□	□
用任 1 隻手運球，身體朝任何方向移動，一邊護球，不讓防守球員搶走。	□	□	□
總結			

指導運球

關鍵字

＊ 感覺到球

＊ 頭抬高

＊ 護球

運球訓練

原地運球

站在定位，或隨著球一起移動皆可。

重複：兩手各運球 10 下為 1 組，共 3 組。

訓練目的

＊ 培養運球的能力與信心。

＊ 教導運動員運球之後一旦將球拿起，就必須傳球。

步驟

1. 先用 1 隻手運球，右手運球的時候大聲數到 10，再換左手運球，也數到 10。
2. 運動員若是必須雙手抓住球才能控制球，就必須將球傳給教練或另一位球員（可避免「兩次運球」犯規）。
3. 教練或另一位球員再將球回傳給運動員，再次開始運球。
4. 也可以安排幾位運動員圍成 1 圈。運動員每次用兩隻手完成 10 次運球，或是必須以雙手抓住球才能控制球，就要將球傳給圓圈的另一位球員。

迷你籃球賽：運球捉人遊戲

訓練目的

＊ 練習運球與護球。

＊ 練習以正當方式抄截對手的球。

步驟

1. 將運動員分組，不得少於 2 組，每組 2 名運動員。
2. 每一位球員都有一顆球，身穿教學賽用的背心，以供辨識之用。
3. 球場大小取決於團體的規模與能力等級。能力等級越低，運動員人數越少。如果有兩名運動員，亦可使用跳球圈。若有 4-6 位運動員，可使用三分投籃區與底線之間的區域。

4. 教練示意運動員開始運球。每一位運動員必須讓球保持彈跳，並護好球，同時輕輕把對手的籃球推走，或是推離三分投籃區與底線之間的區域。
5. 如果任何一位運動員停止運球，或是籃球出界，就算出局。
6. 若有犯規行為，持球的運動員可以留下來繼續遊戲，對手則是出局。
7. 玩 1-2 分鐘的運球捉人遊戲。
8. 等到遊戲結束，有最多運動員在三分投籃區內運球的一隊勝出。
9. 也可推出三戰兩勝制度，拉高競爭的強度。

注意：更多訓練請參閱完整版的《籃球指導手冊》。

傳球

您的運動員可以	從未	偶爾	經常
嘗試運球。	☐	☐	☐
以任何方式，將球傳向任何方向。	☐	☐	☐
以任何方式，將球傳向預定目標。	☐	☐	☐
雙手胸前傳球至任何方向。	☐	☐	☐
雙手胸前傳球至預定目標。	☐	☐	☐
彈地傳球（bounce pass）至預定目標。	☐	☐	☐
雙手過頂傳球至預定目標。	☐	☐	☐
高吊傳球至預定目標。	☐	☐	☐
棒球式長傳（baseball pass）至預定目標。	☐	☐	☐
參與球隊的傳球訓練。	☐	☐	☐
總結			

技巧養成：傳球

接球

接球顯然也是傳球技巧的一部分（如果沒接到球，就不算傳球成功！），但下列的訣竅要教你如何將接球技巧予以分解，以利教學。

技巧養成：接球

您的運動員可以	從未	偶爾	經常
以任何方式嘗試接球。	☐	☐	☐
以任何方式接住籃球。	☐	☐	☐
抱住彈地傳球。	☐	☐	☐
僅用雙手接住彈地傳球。	☐	☐	☐
抱住胸前傳球。	☐	☐	☐
僅用雙手接住胸前傳球。	☐	☐	☐
在移動中嘗試以任何方式接住傳球。	☐	☐	☐
在移動中以任何方式接住傳球。	☐	☐	☐
在移動中僅用雙手接住傳球。	☐	☐	☐
總結			

指導接球

關鍵字

* 站在球後方
* 要有目標
* 接住蛋
* 拿球要放鬆並給出

傳球與接球訓練

雙人傳球

訓練目的

＊ 培養準確且迅速的傳球能力。

＊ 教導團隊合作。

步驟

1. 將運動員分為 2 隊，能力相當的運動員要分在同一隊。
2. 1 位運動員拿球，與 1 位夥伴之間隔著固定距離。
3. 第 1 位運動員以胸前傳球的方式，將球傳給夥伴。
4. 第 2 位運動員站上前來接住傳球，立刻回傳給夥伴。
5. 第 1 位運動員站上前來接住傳球，再以彈地傳球的方式，回傳給夥伴。
6. 只要運動員能持續傳球，同時變換傳球的方式（彈地傳球、胸前傳球、過頂傳球、單手傳球），就可以一直重複下去。

壓迫傳球（保持距離）

這個訓練適合中上能力的運動員，能移動至球的後方，也能接球傳球。

訓練目的

＊ 培養快速傳球的能力，避免遭到抄截。

＊ 教導球員要移動身體，製造傳球的空檔。

步驟

1. 教練將運動員分為 2 人 1 組。
2. 同一組的 2 人站在罰球區的兩側，面向彼此。
3. 練習以各種傳球方式，傳球並接球：胸前傳球與單手地板傳球，加上單手與肩上傳球。
4. 每組各加上 1 名防守球員。
5. 一名隊友與防守球員開始對抗。
6. 控球的運動員要尋找「開著的門」，將球傳給隊友。
7. 如果傳球沒有偏斜，也沒有遭到抄截，防守球員就要轉向防守現在控球的運動員。
8. 防守球員若是成功抄截，或讓球的方向偏斜，就會轉為隊友傳球員。
9. 傳球被打偏或抄截的運動員，會成為下一位進攻隊友。

注意：更多訓練請參閱完整版的《籃球指導手冊》。

投籃

投籃是籃球最重要的技巧。要贏得比賽，就必須得分。其他所有的技巧，都是球隊拿到球，安排球員就得分位置的工具。你的運動員要是具備自信、準確的投籃能力，在球場上就會銳不可當！

技巧養成：投籃

您的運動員可以	從未	偶爾	經常
嘗試以任何方式投籃。	☐	☐	☐
單手立定投籃，打中籃板。	☐	☐	☐
單手立定投籃，球進籃框。	☐	☐	☐
上籃打中籃板。	☐	☐	☐
上籃球進籃框。	☐	☐	☐
跳投（jump shot）打中籃板。	☐	☐	☐
跳投球進籃框。	☐	☐	☐
總結			

投籃訓練

指導單手立定投籃

1. 以穩健的運球控球。
2. 將球拿高到投籃位置。投籃手位於籃球的後方稍低的位置。非投籃手位於籃球的側面。雙手的拇指朝上且分開。
3. 面向籃框，視線越過籃球上方，專注看著目標。
4. 與投籃手同一側的腿要稍微往前。
5. 膝蓋彎曲、手肘抬起，投籃手伸向籃框。
6. 投籃手猛然朝下，讓球滾離指尖，往上飛並旋轉，完成投籃。
7. 在這個順勢動作當中，手與手臂要形成鵝頸形狀。

指導上籃打中籃板

1. 以右手投籃的球員，應面向籃板前方，站在籃框邊緣右方的 2 步之外。
2. 將球拿到胸部的高度，擺出正確投籃姿勢。
3. 視線越過籃球上方，看著目標。右手投籃的球員，應注意看著籃板的方塊的右上角。
4. 右腳往前走，左腳再跟進。
5. 與投籃手同一側的膝蓋抬高，將籃球舉高至額頭。
6. 以左腳的力量，推進身體朝向籃框。
7. 輕輕將籃球拋向籃板的方塊的右上角。
8. 在籃板之下雙腳著地。

防守

技巧養成：防守

您的運動員可以	從未	偶爾	經常
擺出正確的身體姿勢：雙腿彎曲，頭部與雙手抬高，重心放在雙腳的球部。	□	□	□
保持正確的身體姿勢，同時身體向旁邊、前方與後方移動。	□	□	□
保持正確的身體姿勢，同時身體隨著籃球移動。	□	□	□
保持正確的身體姿勢，同時身體隨著對手及籃球移動。	□	□	□
總結			

指導防守

關鍵字

＊ 看著籃球

＊ 頭部與雙手舉高

＊ 滑動

注意：更多訓練請參閱完整版的《籃球指導手冊》。

防守訓練

防守站位與移動

「艾克學麥克」

1. 運動員在體育館分散開來，相隔至少一條手臂的距離。所有的運動員移動的方式與方向，都要與領導者一模一樣。教練亦可在運動員跟隨領導者的過程中，指出移動的方向，並說出關鍵字。
2. 現在領導者要負責防守 1 位控球的球員。所有運動員移動的方式與方向，都要與領導者相同。
3. 每一位運動員的目標，是連續 3 次按照指示展現步法技巧，且不能失去平衡。
4. 完成 3 次可得 1 分。第 1 位累計滿 5 分的運動員，就是下一位領導者。

關鍵字

* 看著籃球
* 順勢動作（鵝頸）

搶籃板

技巧養成：搶籃板

您的運動員可以	從未	偶爾	經常
嘗試以任何方式接住拋向空中的籃球。	☐	☐	☐
接住拋向空中的籃球。	☐	☐	☐
嘗試以任何方式接住從籃板彈回的籃球。	☐	☐	☐
追蹤投向籃框的籃球。	☐	☐	☐
轉身面向籃框，擺好搶籃板的姿勢。	☐	☐	☐
以任何方式，接住從籃板彈回，在地上彈跳 1 次的籃球。	☐	☐	☐
僅僅以雙手接住從籃板彈回，並在地上彈跳 1 次的籃球。	☐	☐	☐
僅僅以雙手接住從籃板彈回，且還在空中的籃球。	☐	☐	☐
在跳起搶籃板之前，以「卡位」阻撓對手。	☐	☐	☐
參與球隊的搶籃板訓練。	☐	☐	☐
總結			

關鍵字

＊ 看著籃球

＊ 去拿到籃球

搶籃板訓練

跳躍

如果運動員還是沒有跳離地面，就親自動手協助運動員採取正確的姿勢，移動運動員的身體以完成跳躍。運動員要是仍然無法跳離地面，教練可以站在運動員身旁，示範跳躍的動作，雙臂高舉在空中。教練說出「預備」口令，要確認運動員的身體平衡，頭部位於雙腳上方。接著說出「彎曲」口令，要確認運動員雙膝彎曲的同時，仍能保持平衡。最後是「跳躍」口令，同時要示範膝蓋出力往上跳，雙臂向上伸展，彷彿在搶籃板球。如果運動員的學習較為緩慢，教練一定要在跳躍學習的每個階段，找到運動員值得肯定的小地方。

訓練目的

＊ 培養基本的跳躍技巧。

步驟

1. 教練示範，運動員先觀看，再照做。
2. 擺出雙腿彎曲，雙肘位於身旁兩側，雙手舉高的姿勢。
3. 雙腿先彎曲再伸直，身體離地升上空中，雙臂高舉過頭。

關鍵字

＊ 彎曲與跳躍

跳躍與搶到球

訓練目標

＊ 培養伸展與搶球的技巧。

＊ 練習在搶到籃板落地之後，要能控球與護球。

步驟

1. 把球舉高到運動員拿不到的地方。如果你的個子不夠高，無法將球舉高到運動員拿不到的地方，也可以稍微將球拋起。
2. 要求運動員「搶籃板」。
3. 運動員跳起，搶到籃球，雙肘朝外，籃球位於下巴之下。

關鍵字

＊ 看著籃球

注意：更多訓練請參閱完整版的《籃球指導手冊》。

步法

步法是籃球場上進攻與防守動作的一大重點。要在籃球場上贏得勝利，就要有能力在場上快速移動、變換方向，或接球墊步。某些步法已經在幾種訓練中介紹過，這一節要把重點放在幾種也很實用的基本訓練。

技巧養成：步法

您的運動員可以	從未	偶爾	經常
先往前跑，再往後跑。	☐	☐	☐
向右滑步，再向左滑步（一隻腳跨向旁邊，另一隻腳再跨到第一隻腳的位置）。	☐	☐	☐
單腳跳躍，再換腳跳躍。	☐	☐	☐
跳步（一隻腳先踏出再單腳跳躍，另一隻腳再踏出且單腳跳躍）。	☐	☐	☐
跑位（斜向跑 3 步，外側的腳站定後推離地面，以改變方向，旋轉臀部面向要前往的方向，朝著這個方向跑 3 步）。	☐	☐	☐
接球墊步（聽見哨聲進行 2 步停止運球，然後再進行接球墊步）。	☐	☐	☐
旋轉（重心落在靜止不動的一隻腳的球部，另一隻腳踏步，身體繞著轉軸旋轉）。	☐	☐	☐
總結			

關鍵字

＊ 頭抬高

＊ 雙肘彎曲，雙手抬高（預備姿勢）

＊ 跑動時以雙腳的球部為重心

＊ 墊步時身體要放低

＊ 旋轉

＊ 滑步

敏捷步法活動

在進行活動之前，要先示範技巧。所有的運動員再照做。若是練習 2 步停止運球或接球墊步，運動員聽見哨聲後，必須在兩步之後停止運球，或是踏步之後接球墊步。也可以進行遊戲，例如「紅燈，綠燈」。

1. 安排球隊在球場底線排隊，每排四名運動員。
2. 教練從第一排開始。
3. 運動員在球場進行上述兩種步法活動的其中之一，分別在近端罰球線、半場、遠端罰球線，以及遠端底線停下。
4. 運動員一旦越過近端罰球線，教練就指示下一排開始。
5. 教練在運動員身旁進行步法活動，如有必要，要以口頭或肢體動作督促。
6. 一旦抵達遠端底線，教練安排運動員再次排好隊伍，以相同的步法活動回到原地。

指導訣竅

☐ 特別適合用來暖身。

☐ 運動員學會控球技巧之後，就要一邊運球，一邊進行一連串的步法訓練。

額外的籃球訓練

圓圈傳球

可以是兩隊之間的對抗，但兩隊要分別位在場地的兩端。能力較低的團隊，可以在圓圈內外，以特定方向傳球。教練計算 60 秒內的傳球次數。這個活動很有趣，而且隨著技巧提升，傳球速度會加快。這個活動除了傳球之外，也加上移動，所以比較像比賽。

1. 教練將運動員分為 4、5 或 6 人一隊。
2. 每一隊站成 1 個圓圈。
3. 每一隊有 1 個人站在圓圈的中央。
4. 站在圓圈外側的 1 個人，傳球給站在圓圈中央的人。傳球者在傳球之後，走到圓圈中央。
5. 在圓圈中央的人，傳球給圓圈外側的人，傳球之後也取代圓圈外側的人的位置。
6. 必須完成指定的傳球與移動次數（25 次），或指定的時間（60 秒）。
7. 如果球掉了，一律要從站在圓圈外圍的人開始。

關鍵字

* 傳球前要面向你的隊友
* 「手舉高」，要有一個目標
* 傳球後隨著傳球方向移動

全場雙柱上籃訓練

這是連續進行 2-3 分鐘的訓練，強調在移動中傳球並接球，按部就班上籃或接球墊步上籃，以及調節。每過 60 秒就要轉移到另一根柱子。計算在每一根柱子投進的次數。要定期進行這種訓練。要訂出團隊的目標，以及個人最佳成績指標。

1. 4 根「柱子」在罰球線與罰球區交會的角落就位。
2. 隊伍一半的人在一個籃框下方排隊，另一半的人在另一邊的籃框下方排隊。
3. 以逆時針方向移動，比較適合右手上籃。
4. 每一個籃框下方的第一個人，將球傳給前方的「柱子」。
5. 傳球結束後，球員沿著邊線往前走，接到「柱子」傳來的傳球。
6. 運動員運球到半場，傳球給下一根「柱子」，再沿著邊線繼續往前走。
7. 等到運動員抵達罰球線的最遠端，就轉而面向籃框。
8. 「柱子」以彈地傳球的方式，將球傳向前方不遠處，好讓運動員毋須運球，就能上籃。
9. 站在籃框下的第一個人搶到籃板，傳給另一邊的「柱子」，繼續場上的活動。

關鍵字

* 拿到球
* 按部就班移動
* 雙手舉高
* 要有目標
* 輕輕上籃

注意：更多訓練請參閱完整版的《籃球指導手冊》。

下半場攻守換邊

概念指導

1. 球隊在替補席站在教練的身後。每一位運動員都要能看見球場與籃框。
2. 教練指出距離球隊最遠的籃框，作為投籃的籃框（進攻）。
3. 教練問球隊，投籃要投到哪一個籃框？球隊指出籃框，並說「進攻」。
4. 如有必要，教練可以用肢體動作，協助運動員在場上排成進攻隊形。
5. 在下半場的開始，球隊與教練回到替補席。
6. 教練指著離替補席最近的籃框，現在是新的投籃籃框。
7. 教練問球隊，現在投籃要投到哪一個籃框？球隊回答。
8. 教練問球隊，現在要防守哪一個籃框？球隊回答。
9. 如有必要，教練可以用肢體動作，協助運動員在場上排成進攻隊形。

關鍵字

＊ 進攻

＊ 防守

禁區 3 秒規則

概念指導

1. 找出球場上的禁區，一個攻方，一個是守方。
2. 運用「熱」與「冷」的概念。將攻方與「熱」聯想在一起。進攻的時候要穿過去，否則會燒傷。
3. 將守方與「冷」聯想在一起，防守的時候要抵擋對手。
4. 經常以正確的位置，強化冷熱的概念。
5. 布置運動員在組織進攻的位置，所有運動員均位於禁區之外。
6. 在半場或全場比賽，站在球場上。等到運動員就組織進攻的位置之後，將他們帶離禁區。

關鍵字

* 熱
* 冷

快攻

快攻是一種戰術，守方球隊拿到球，迅速傳球展開進攻。目標是在另一隊有時間加強防守之前，進球得分。

- 全部 5 名球員都要參與快攻，各有各的責任。球通常會傳給控球後衛，控球後衛運球到中間。2 名隊友位於控球後衛的兩側，「跑到快攻的既定路線」（要解釋這個概念）。這 2 位隊友跑在邊線的內側邊緣，給運球者足夠的運球空間。而且在邊線邊緣跑動，也能避免被防守球員阻礙。其餘的 2 名隊友先是跟著球跑，然後移動到籃下理想的搶籃板位置。

指導快攻

☐ 複習去追球。

☐ 複習搶籃板的步驟。

☐ 進行擺脫防守練習。

☐ 控球後衛拿到球，轉身面向進攻的籃框，尋找空檔，深入禁區上籃。負責搶籃板或傳球的球員跟在運球者後方，投球未進則搶下籃板球再補籃。

☐ 進行「雙人快攻」。

☐ 「加 1 追蹤者訓練」：上述的訓練再加入 1 名球員。這名球員成為其中 1 個「翅膀」（要解釋這個概念），佔據距離最近的快攻路線。

關鍵字

* 搶籃板
* 轉身看
* 後場快攻長傳
* 跑到快攻的既定路線
* 追蹤

罰球

指導罰球

1. 布置罰球的情境，解釋罰球的原因（運動員被犯規，尤其是在投籃的過程中）。
2. 2 名防守球員在禁區下方的低位就位。
3. 雙方在禁區輪流交換位置（最多4名防守球員及兩名進攻球員）。
4. 罰球球員雙腳站在罰球線後方。
5. 禁區附近的球員，要等到籃球離開罰球球員的手，才能進入禁區。
6. 罰球球員要等到籃球擊中籃框邊緣，才能進入禁區。
7. 在有控制的教學賽中，練習罰球情境。

關鍵字

* 雙腳位於罰球線後方
* 守住你的位置
* 等到球離開投籃者的手，就去搶球
* 投籃之後進入禁區

跳球

指導跳球

1. 示範並複習跳躍。
2. 將球高舉在運動員的頭上，要求運動員把球輕拍給隊友。
3. 將球拋到運動員的頭上，要求運動員把球輕拍給隊友。
4. 站在跳球圈，重複剛才的訓練。
5. 安排球隊在中圈四周排隊，排在 1 位對手旁邊。
6. 重複剛才的訓練。
7. 要記住，兩支球隊要各有 1 名球員站在三秒區的頂端，保護他們的籃框。

關鍵字

* 跳起與輕拍
* 輕拍給隊友

傳切配合（Give-and-Go）

傳切配合是最重要的團隊技巧。運動員要學會辨識隊友，與隊友配合，最終目標是進球得分。運動員將球傳給藉由跑動獲得空檔的隊友。傳球者切入到籃下，等待隊友回傳。這種技巧能讓運動員將技巧轉化為戰術。這種技巧並非單獨使用，而是與進攻及團體戰術搭配使用。

指導概念

1. 複習彈地傳球。
2. 傳授空切走位法（V-cut）。運動員朝著籃框走一步，外側的腳站定，臀部轉向帶球的隊友，朝著球走一至兩步。運動員接到球，設法得分。
3. 練習接到傳球，以及轉身（旋轉）面向籃框。運動員轉身面向籃框，將球舉高到前方，再舉到身體投籃的一側。運動員現在已經做好傳球、運球或投籃的準備。這種姿勢叫做「三重威脅」。
4. 進行沒有防守球員的傳切配合。
5. 進行傳切配合，接球的球員要面對 1 位被動防守球員。
6. 進行傳切配合，接球的球員以及傳球並空切走位的球員，要各自面對 1 位被動防守球員。
7. 進行傳切配合，且加入較為主動的防守球員。

關鍵字

＊ 去搶球

＊ 彈地傳球給隊友

＊ 空切走位

迷你籃球賽：2 打 1（前場）

1. 球隊由 2 名運動員組成。同隊的球員身穿相同顏色的教學賽背心。
2. 進攻隊有兩名球員上場比賽。
3. 防守隊有 1 名球員上場比賽，另 1 名球員在場下。
4. 進攻隊在投籃之前，至少要傳球 1 次。
5. 防守球員要守護籃框，但也要想辦法抄截。
6. 球要是出界，就算球權轉移與失誤。
7. 進攻方投籃並拿到籃板球，比賽就繼續。
8. 防守方若是拿到球，比賽就結束，球就交給教練。
9. 每支球隊扮演進攻方或防守方 3 個回合。
10. 在每個回合，都有 1 名新的防守球員負責防守。
11. 每支球隊扮演進攻方與防守方 2-3 次。
12. 進攻方進球 1 次得 2 分，搶到進攻籃板球得 1 分。防守方抄截 1 次得 1 分，搶到籃板球得 1 分。

辨識並與隊友合作

指導概念

1. 3 名球員組成 1 隊。
2. 每一隊的球員要穿上相同顏色的教學賽背心，與其他隊的顏色不同。
3. 要求在投籃以前，至少要傳球 1 次。

關鍵字

＊ 去搶球

＊ 彈地傳球給隊友

＊ 空切走位

迷你籃球賽：3 打 3（無轉換）

1. 每 1 個籃框分配 1 隊，每隊含有 3 名能力相當的運動員。
2. 進攻隊為甲隊，面向籃框。
3. 防守隊為乙隊，在籃框與進攻球員之間活動（使用進攻球員）。
4. 教練站在分場線，將球交給進攻方。
5. 進攻方在投籃之前，至少要傳球 1 次。
6. 防守球員要守護籃框，但也要想辦法抄截。
7. 球要是出界，就算球權轉移與失誤。
8. 進攻方投籃並拿到籃板球，比賽就繼續。
9. 防守方若是拿到球，比賽就結束，球就交給教練。
10. 每支球隊扮演進攻方或防守方 3 個回合。
11. 每支球隊扮演進攻方與防守方 2-3 次。
12. 進攻方進球 1 次得 2 分，搶到進攻籃板球得 1 分。防守方抄截 1 次得 1 分，搶到籃板球得 1 分。

迷你籃球賽：3 打 3（調整的轉換）

按照上述的方法進行 3 打 3，但有下列幾點不同：

1. 一旦防守方拿到球，或進攻方得分，球就要丟給教練。
2. 兩隊要攻守互換。
3. 教練傳球給中間的進攻球員，繼續比賽。
4. 每支球隊扮演進攻方或防守方 3 個回合。
5. 每支球隊扮演進攻方與防守方 2-3 三次。
6. 進攻方進球 1 次得 2 分，搶到籃板球得 1 分。防守方抄截 1 次得 1 分，搶到籃板球得 1 分。

迷你籃球賽：3 打 3（有轉換）

進行 3 打 3，但有下列幾點不同：

1. 一旦防守方拿到球，或進攻方得分，就要運球回到罰球線的最遠端後方。
2. 兩隊要攻守互換。
3. 比賽如前繼續進行。
4. 進攻球員必須至少傳球 1 次，才能投籃。
5. 比賽持續 2-3 分鐘。
6. 進攻方進球 1 次得 2 分，搶到籃板球得 1 分。防守方抄截 1 次得 1 分，搶到籃板球得 1 分。

聯防

運動員的準備程度

☐ 運動員能傳球、接球、運球、防守，也能移動到球的位置。

☐ 運動員能辨識隊友，並與隊友配合。

☐ 運動員不會防守隊友，也不會把隊友的球搶走。

☐ 運動員知道要防守哪一個籃框。

☐ 運動員了解籃球比賽的基本規則。

籃球比賽的目的，當然是得分要超越對手。反過來說，就是要限制你的對手能得到的分數。這就是聯防概念的重點。

- 指導聯防若是從區域聯防概念教起，會輕鬆許多。球隊的每一位隊員學習如何防守對手，而且是在較安全的小空間練習。
- 2-1-2 區域聯防是比較好教的概念。教練可以使用籃球場上的標記，將運動員布置在靠近籃框的地方，避免高投籃命中率。每一位運動員都有一項任務要完成。教練必須了解每一位球員的能力，才能完成區域聯防的戰略配置，打造最有效的聯防。
- 至於運動員的配置，建議將球技最強，最全面的運動員（1 號），安排在區域的中間。這個人是一股穩定的力量，要負責協助隊友，保護最脆弱的區域（中間）。身材矮小，速度較快的運動員，則是布置在上方的位置（2 號與 3 號）。較為高大的運動員布置在下方的位置（4 號與 5 號），較靠近籃框。但建議至少能有一個位置，是分配給身材矮小，較有主張，且會積極跳起或移動以搶球的運動員。

指導聯防的步驟

傳授針對控球運動員的防守部署。

- □ 1 名運動員、教練或志工示範正確的姿勢、手的位置，以及身體的位置（與控球的運動員保持 1 條手臂的距離，位於對手與籃框之間，背對籃框）。
- □ 球員分散在球場上，每一位志工與 3-4 位運動員合作，口頭督促運動員做出正確的姿勢。
- □ 全體分散開來，1 個籃框分配 4 名運動員與 1 名教練或志工，分別在 5 個聯防位置，個別練習位置及 1 對 1 的移動。1 位進攻球員負責控球，要繞過或越過防守球員投籃。

關鍵字

＊ 腹部面向球（要解釋這個概念）

＊ 走向球

指導每一位運動員的聯防位置

- □ 建議選項：用膠帶在地板上做 X 記號，在賽季過程中逐漸移除。在貼上膠帶之前，要先徵求場地經理人的同意。
- □ 運用籃球場上現有的線條或標記，亦即罰球線與禁區線的交叉點的禁區的兩側，作為上方的位置（2 號與 3 號），禁區的中間是中央的防守球員（1 號），禁區低位的兩側，是下方的位置（4 號與 5 號）。
- □ 在上方的位置，每一位運動員將外側的腳放在位置上。在下方的位置，每一位運動員將內側的腳放在位置上。1 號負責禁區。
- □ 將運動員安排在聯防位置上。每一位都要認得自己的位置與球場標記。每一個聯防位置的半徑，是運動員原始位置滑動 2 步的距離。
- □ 指示運動員腹部面向球以及走向球（要解釋這兩個概念），在訓練過程中也要強化這兩個概念。

☐ 指示運動員，進攻球隊在周邊傳球的時候，要在自己的聯防位置的範圍內移動。每一位運動員要學習防守在自己負責的範圍內，有控球或無控球的對手。要強調：

- 全部 5 名運動員要一起移動，阻止進攻，而且
- 一名防守球員移動，其他每一位防守球員也要跟著移動，否則會出現得分的空檔（3 號移動以填補有球邊的低位區）。

指導攻守轉換

☐ 運動員在球場上自己的進攻端就位。運動員投籃，教練再將球取回。教練指示「防守」以及「前往你的 X」。助理以肢體動作督促運動員跑到另一頭，就各自的防守位置 X。

☐ 運動員快步跑向另一頭，就自己的防守位置。

☐ 進攻球員彼此傳球，防守球員一起移動。

☐ 持續強化「腹部面向球」以及「走向球」的概念。

☐ 逐漸移除籃球場上的 X。

練習攻守轉換

☐ 重複上述的訓練，首先在進攻端投籃，運動員快速奔跑至防守端，設置 2-1-2 區域聯防。

☐ 防守方抄截並搶籃板時，球隊分散至進攻位置。

☐ 要求進攻中鋒離開禁區，以強而有力的肢體動作加上口令督促（熱，快走出火場）。教練從第一天起就必須這樣做，否則運動員無法分辨進攻端與防守端，也不知道要走出禁區。

指導訣竅

☐ 能力較低的運動員，也能進行團隊運動。重點是概念，以及運動員的角色與責任，都要儘量簡單明確。運動員培養技巧，屢次應用於比賽，就會更了解概念。

☐ 指導盯人防守，重點在於球員要負責防守球員，而不是防守一個區域。上述的指導步驟如下所示。

指導無球防守（幫忙）

☐ 複習正確的防守姿勢與動作。

☐ 傳授防守無球對手所採取的「拿槍指著」（讓路）姿勢。

1. 1 隻手指著防守球員，另 1 隻手指著控球的球員。
2. 防守球員必須始終明白球在哪裡。
3. 每一位防守球員，必須不用轉頭也能看見球。

關鍵字

＊ 走向球

＊ 腹部面向球

＊ 球

＊ 幫忙

＊ 阻絕

迷你籃球賽：傳球與幫忙與還原位置

☐ 在球場縱長的中間，貼上虛線。這條線連結兩個籃框。

☐ 教練要示範動作與位置，再由運動員練習。

☐ 2 名球員在兩側進行定位進攻，1 名教練擔任控球後衛。

☐ 防守球員針對進攻球員就防守位置。

☐ 控球後衛位於 2 個籃框連線的一側。

☐ 運動員就定位，教練告訴運動員要與有球邊的進攻球員，以及幫忙邊（無球邊）的 2 個籃框連線的進攻球員，保持手臂長的距離。

☐ 控球後衛慢慢將球傳給一名進攻球員。

☐ 指示「走向球」以及「腹部面向球」。

☐ 防守控球球員的防守球員，在進攻球員與籃框之間活動。

□ 防守無球球員的防守球員，一隻腳踏在 2 個籃框的連線，另一隻腳站在球場的幫忙邊，背對籃框。

□ 隨著球移動，兩名防守球員移動，並喊出自己的位置。

1. 防守球員防守控球的球員，要喊出「球」。
2. 進攻球員與球之間有 1 次傳球的距離，防守球員要喊出「阻絕」。
3. 進攻球員與球之間有 2 次傳球的距離，防守球員要喊出「幫忙」。

□ 他們面向球，旋轉並滑步至定位。

防守方的目標是干擾、抄截或搶籃板。安排防守球員對抗組織進攻，每回合間隔 1 分鐘。要計分。防守方每次成功干擾、抄截，或搶籃板，均可獲得 1 分。每隊扮演防守方 2-3 次。得分最多的隊伍獲勝。

團隊進攻

團隊進攻的基礎，是運球、傳球、接球、投籃，以及進攻籃板球這些基本技巧。教練可以示範這些技巧，再協助個別運動員培養這些技巧。但除非運動員能在比賽中，與隊友合作，妥善發揮這些技巧，否則技巧就只是技巧而已。進攻的意思是進球得分。基本的進攻技巧的終極目標，是協助運動員與球隊得分。當然籃球比賽的目標，是得分要超越對手。

運動員的準備程度

- ☐ 運動員能傳球、接球、運球、投籃，也有能力去追球。
- ☐ 運動員能辨識隊友，也能與隊友配合。
- ☐ 運動員不會把隊友的球搶走。
- ☐ 運動員知道投籃要投向哪一個籃框。
- ☐ 運動員了解籃球比賽的基本規則。

指導團隊進攻的步驟

進攻技巧：運球、傳球、接球、投籃，以及搶籃板。

☐ 示範每一項技巧。

☐ 練習。

☐ 挑戰更高等級的技巧：展現技巧、多次展現技巧（投進 5 個球）、更快速展現技巧，在限制時間內至少要展現幾次技巧（30 秒內投進 5 個球）。

個別練習對抗防守球員：以得分為目標進攻。

使用 1 打 1 的迷你籃球賽，以個別的基本進攻對抗防守球員。

練習團隊技巧，先是無防守球員，再來是對抗防守球員。

☐ 傳切配合是最重要的團隊技巧，重點在於辨識隊友，並與隊友合作，終極目標是進球得分。運動員傳球給（以跑動取得空檔）的隊友，再切入到籃下，等待隊友回傳。

將運動員安排在最適合他們的能力的位置。

☐ 善用每一位運動員的強項。舉例來說，能傳球但不擅長接球的運動員，適合做控球後衛。

☐ 以能力最強的運動員為中心。在大多數的情況，每支球隊都有一兩名球員比隊友能力更強，更能看懂比賽。教練善用這些運動員的強項，球隊取勝的機會就會大增。

☐ 輔導每一位運動員增強這些技巧。在練習中要規劃足夠的時間，重複練習並強化這些技巧。

☐ 輔導每一位運動員扮演一種角色，熟悉這個角色，同時透過扮演角色，感受自己在球隊中的重要性。

☐ 提供所有運動員實質參與的機會。在練習及比賽中，要給每一位運動員上場的時間。與對手切磋，能提升每一位運動員的技巧。

運動員會迎接挑戰。隨著對手與情境的挑戰難度提高，運動員的能力也會提升，以克服挑戰。經過每一次練習，每一場比賽，運動員的能力都會提升。

建構簡單的進攻。

簡單的進攻能讓整個球隊充分發揮長處，贏得勝利。簡單的架構對於運動員的學習與配合來說是助力，而非阻力。簡單的架構具有穩定性，運動員知道該怎麼做，該往哪邊移動。以下要介紹1種簡單的進攻，叫做「傑瑞前進」，曾有能力較低的運動員與球隊試過，成效良好。

☐ 球隊是半場的進攻方，沒有防守球員。運動員各有 1 個號碼，在球場上的位置是依據下列的能力等級分配：

＊ 1 號：能力最強，最全面的慣用右手的球員

＊ 2 號：運球能力普通的後衛

＊ 3 號：能切入、搶籃板的球員

＊ 4 號：能籃下投籃、搶籃板的球員

＊ 5 號：能傳球的球員

☐ 所有的運動員都有組織進攻的位置。4 號與 5 號的位置位於球場左側的低位，1 位在另 1 位後方。3 號的位置在同一個角落，相距大約 3 公尺。

☐ 1 號球員抵達球場中間，其他球員就要切入新位置。這時也要發出口令「傑瑞前進」（傑瑞是四號球員）。

☐ 2 號、3 號、4 號，以及 5 號球員移至新位置，一號球員運球前往 3 秒區的右上側，製造傳球的角度。

☐ 切入可進入空檔。控球後衛就能有更好的傳球角度。進攻方對於防守方就有優勢。

☐ 1 號球員傳球給 5 號。

☐ 5 號球員有 4 種選擇：

* 轉身投籃。
* 傳球給 1 號，1 號再切入籃下，等待回傳或籃板球。
* 傳球給 4 號或 3 號，以進行籃下投籃，或是
* 傳球給 2 號

□ 無論在何時，都會有至少 3 名搶籃板的球員（3 號、4 號及 1 號）最積極搶球。

□ 等到球員學會進攻，教練必須協助運動員，在更接近比賽的情境，展現進攻能力。有一種方法是安排運動員站在賽區或中場線。控球後衛拿起球，教練就提示「進攻」與「組織」。運動員跑向自己的位置，聽見「傑瑞前進」就展開進攻。

□ 運動員從防守端開始。搶到籃板球的球員，將球傳給或是交給 1 號球員，1 號球員在場上運球。教練指示「組織」，運動員跑到各自的位置，聽見「傑瑞前進」的口令，再展開進攻。

□ 從進攻轉換到防守，再轉換到進攻。這是最接近比賽的情境。球隊意識到從進攻（拿到球），到防守（對手拿到球），再到進攻（再次拿到球）的過渡。

擲界外球

指導擲界外球

1. 將運動員分為 2 人一組。
2. 2 人當中的 1 人在界外，另 1 人在界內接球。沒有防守球員。
3. 教練將球交給傳球者，傳球者以彈地傳球的方式，將球丟給隊友。
4. 負責接球的球員空切走位以取得空檔，接到傳球。
5. 傳球者進入界內，接到回傳。
6. 轉換運動員的角色，讓每一位運動員都有機會擲界外球，也接到傳球。
7. 在傳球者前方添加 1 名防守球員。這一位防守球員要壓迫傳球，再防守踏入球場的運動員。
8. 再添加另 1 位防守球員，負責防守接球的球員。接球的球員要更努力，才能打開空檔。
9. 進攻方的目標，是 5 次傳球有 3 次成功。防守方的目標，是 5 次抄截或擾偏有 3 次成功。
10. 在教學賽，要一再強化擲界外球的正確位置，以及傳球者正確的擲界外球方式。
11. 要告訴運動員何時可以移動（進球之後），何時不能移動（違例的時候）。

關鍵字

＊ 雙腳要位於線的後方

＊ 待在自己的位置

＊ 傳球後要進入場內

指導邊線擲界外球

1. 首先使用你的組織進攻布置。運動員已經知道聽見「走」，要往哪個方向移動（切入）。
2. 安排一位指定的傳球者喊出「走」，擲界外球。
3. 加入簡單的「3 秒區」組織布置。
4. 每一位運動員都要切入 1 次，也要完成 1 項任務。

☐ 你最強的全面運動員（1 號）將球拿出界外。

☐ 最強的搶籃板球員（4 號與 5 號）位在罰球區的最上方，最強的傳球球員（2 號與 3 號）位於低位。在理想情況，最強的搶籃板球員（4 號）與籃下射手，應位於球的對面。

☐ 聽見「走」指令，4 號與 5 號往籃下切入，2 號與 3 號往籃下的反方向切入。

☐ 1 號傳球給 3 號，再切入距離最近的角落。

☐ 3 號轉身，彈地傳球給 1 號投籃。

☐ 3 號、4 號及 5 號「去拿球」，搶進攻籃板球，並且得分。

指導底線擲界外球

1. 首先使用你的組織進攻布置。運動員已經知道聽見「走」，要往哪個方向移動（切入）。
2. 安排一位指定的傳球者喊出「走」，擲界外球。
3. 如同上述，加入簡單的「3 秒區」組織布置。
4. 每一位運動員都要切入 1 次，也要完成 1 項任務。

☐ 你最強的全面運動員（1 號）將球拿出界外。

☐ 最強的搶籃板球員（4 號與 5 號）位在罰球區的最上方，最強的傳球球員（2 號與 3 號）位於低位。在理想情況，最強的搶籃板球員（4 號）與籃下射手，應位於球的對面。

☐ 聽見「走」指令，4 號與 5 號往底線切入，2 號與 3 號切入 3 秒區的最上方，並轉身面向球。

☐ 1 號傳球給 4 號，再切入距離最近的角落。

☐ 4 號投籃。

☐ 3 號、4 號及 5 號「去拿球」，搶進攻籃板球，並且得分。

特殊奧林匹克：
籃球—運動項目介紹、規格及教練指導準則

Basketball：Special Olympics Coaching Guide

作　　者／國際特奧會（Special Olympics International，SOI）
翻　　譯／龐元媛
出版統籌／中華台北特奧會（Special Olympics Chinese Taipei，SOCT）

總 編 輯／賈俊國
副總編輯／蘇士尹
編　　輯／高懿萩
行銷企畫／張莉滎・蕭羽猜・黃欣

發 行 人／何飛鵬
出　　版／布克文化出版事業部
台北市中山區民生東路二段 141 號 8 樓
電話：(02)2500-7008 傳真：(02)2502-7676
Email：sbooker.service@cite.com.tw
發　　行／英屬蓋曼群島商家庭傳媒股份有限公司城邦分公司
台北市中山區民生東路二段 141 號 2 樓
書虫客服服務專線：(02)2500-7718；2500-7719
24 小時傳真專線：(02)2500-1990；2500-1991
劃撥帳號：19863813；戶名：書虫股份有限公司
讀者服務信箱：service@readingclub.com.tw
香港發行所／城邦（香港）出版集團有限公司
香港灣仔駱克道 193 號東超商業中心 1 樓
電話：+852-2508-6231　　傳真：+852-2578-9337
Email：hkcite@biznetvigator.com
馬新發行所／城邦（馬新）出版集團 Cité (M) Sdn. Bhd.
41, Jalan Radin Anum, Bandar Baru Sri Petaling,
57000 Kuala Lumpur, Malaysia
電話：+603- 9057-8822　　傳真：+603- 9057-6622
Email：cite@cite.com.my
印　　刷／韋懋實業有限公司
初　　版／ 2022 年 12 月
售　　價／新台幣 350 元
I S B N ／ 978-626-7126-97-4
E I S B N ／ 978-626-7256-14-5（EPUB）

城邦讀書花園 www.cite.com.tw　布克文化 WWW.SBOOKER.COM.TW